Die Welt erleben

NAMIBIA

Nur im Vorwärtsgehen gelangt man ans Ende der Reise.

Sprichwort der Ovambo

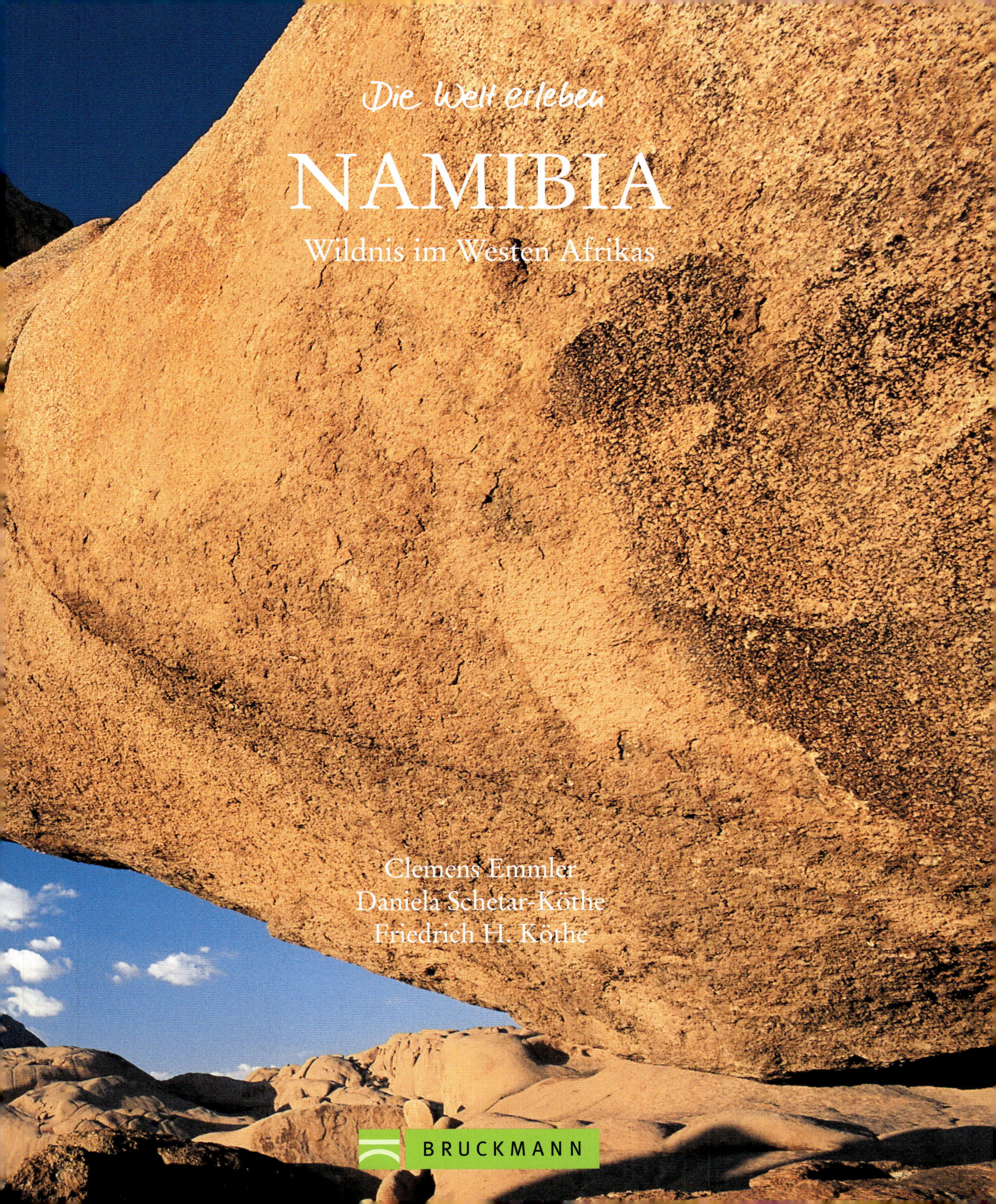

Die Welt erleben

NAMIBIA

Wildnis im Westen Afrikas

Clemens Emmler
Daniela Schetar-Köthe
Friedrich H. Köthe

BRUCKMANN

Willkommen in Namibia

Seite 10 *Das endlose Dünenmeer der Namib Desert.*

Seite 12/13 *Leoparden trifft man eigentlich eher nachts an. Dieser ist im Etosha-Nationalpark zuhause.*

Seite 14/15 *Das so genannte »Dead Vlei« im Sossusvlei bildet eine skurrile Landschaft.*

Seite 16/17 *Die Zebras im Etosha-Nationalpark gehören der Untergattung Steppenzebra an. Im Gegensatz zu anderen Zebraarten lebt diese Unterart in kleinen Herdenverbänden zusammen.*

ANGOLA
SAMBIA
Sioma Ngwezi National Park
Kwando
Sambesi
Katima Mulilo
Luiana
Zambezi National Park
Caprivi Game Park
Mambova
Caprivi
Ngoma
Chobe
Kasane
Lianshulu Lodge
Victoria Falls
Bagani
Mudumu National Park
Lake Liambezi
Linyanti
Mahango Game Park
Okavango
Sangwali
Chobe National Park
Mamili National Park
Kazuma Pan National Park
Sepupa
Okavango Delta
BOTSWANA
SIMB.
siehe Ausschnitt oben
Kunene River
Okahirongo River Lodge
Epupa-Fälle
Kunene River Lodge
Serra Cafema
Ruacana
Marienfluss
Ruacana Waterfall
Oshikango
Uutapi (Ombalantu)
Kaokoveld
Hartmannberge
Oshakati
Ondangwa
Cuangar
Nkurenkuru
Skeleton Coast Park
Schoemans Safaris
Opuwo
n'Kwasi Lodge
Dirico
Okavango
Rundu
Nyangana
Kavangoland
Ovamboland
Cape Frio
Sankara
Sepupa
Namib-Wüste
Skeletton Coast Camp
Purros
Oshivelo
Omatako
Skelettküste
Etosha National Park
Namutoni
Ombili Stiftung
Tsintsabis
Khaudom Game Park
Sesfontein
Rietfontein „Trekker" Monument
Halali
Hoanib
Okaukuejo
Oshikoto Lake
Tsumeb
Buschmansland
Sikereti
Anmire Traditional Village
Kanovlei
Gumare
Kamanjab
Tsumkwe
Otavi
Grootfontein
Nokaneng
Palmweg
Ghaub Caves
Hoba Meteorit
Okatjoruu
Nyae Nyae Conservancy
Möwe Bay
Otjikondo
Mooihoek Caves
Outjo
Fransfontein
Torra Bay
Versteinerter Wald
Waterberg 1857 m
Hereroland
Gam
Khorixas
Otjiwarongo
Waterberg Plateau Park
Verbrannter Berg
Twyfelfontein
Okakarara
Eiseb
Kalkveld
Damaraland
ATLANTISCHER OZEAN
Ugab
Sukses
Omatako
Ghanzi und Okavango-Delta
Uis
Brandberg 2573 m
Daureb Craft Center
Otjinene
Omaruru
Epukiro
Sommerdown
Cape Cross
Spitzkoppe 1728 m
Wilhelmstal
Harnas Wildlife Foundation
Epukiro
Usakos
Karibib
Okahandja
Henties Bay
Gross Barmen Hot Springs
Swakop
Arandis
Khan
Witvlei
Buitepos
Mamuno
Wlotzkasbaken
Khomas-Hochland
Gobabis
Swakopmund
Paradies für Golfer
Windhoek
Adrenalinsport
KALAHARI
Walvis Bay
Gamsberg Pass 2347 m
Kule
Lone Tree
Kuiseb
Sandwich Harbour
Rehoboth
Kuiseb Canyon
Rantberge
Spreetshoogte Pass 1780 m
NAMIBIA
Leonardville
Wendekreis des Steinbocks
Solitaire
Namib Naukluft National Park
Kalkrand
Anib Lodge
Aranos
Tshane
BOTSWANA
Naukluftberge
Stampriet
Sesriem
Hardap Recreation Resort
Nossob
Sossusvlei
Maltahöhe
Mariental
Gochas
Lendepas
Wêreldend
Bossiesvlei
Namib Rand Nature Reserve
Gibeon
Witbooisvlei
Kgalagadi Transfrontier Park
Duwisib-Schloss
Schwarzrand
War Memorial
Fish River
Asab
Twee River
Helmeringhausen
Brukkaros 1568 m
Tirasberge
Namaland
Koës
Tshabong
Garas Quiver Tree Forest
Köcherbäume
Bethanien
Lüderitz
Seeheim
Keetmanshoop
Aroab
Rietfontein
Aus
Kolmanskuppe
Goageb
Molopo
Wildpferde in der Wüste
Fish River
Karasberge
Pomona Ghost Town
SÜDAFRIKA
Diamond Area 1
Fish River Canyon
Witputz
Canyon Lodge
Grünau
Rosh Pinah
Ais-Ais
Karasburg
Nakop
Hot Springs
Warmbad
Oranjemund
Augrabies Falls
Noordoewer
Orange River
0
100 km
N
Befestigte Straße
Unbefestigte Straße
Sumpf
Salzpfanne
Nationalpark
Lodge
TANSANIA
ANGOLA
SAMBIA
MALAWI
NAMIBIA
SIMBABWE
MOSAMBIK
Indischer Ozean
BOTSWANA
SWAZILAND
LESOTHO
SÜDAFRIKA
Atlantischer Ozean
0
500 km

Die Wildnis im Westen Afrikas erleben

Dünen, Granithügel und Gebirge staffeln sich in gleichmäßigen Wellen bis zum Horizont; mal sanft gerundet, ruhig, mit golden schimmerndem Gras bedeckt; dann wieder stürmisch, herb; den kahlen, zackigen Fels oder dorniges Buschwerk darbietend. Namibia ist ein Land wie kurz nach der Schöpfung, als die Menschen noch nicht daran gegangen waren, sich die Erde untertan zu machen. Doch die Zäune links und rechts der Straße erzählen eine andere Geschichte: vom zähen Kampf der Farmer gegen die herrische, unwirtliche Natur; gegen Dürren, Heuschreckenplagen und Überschwemmungen – und von der Liebe zu diesem eigenwilligen Landstrich an der Südwestküste Afrikas, dessen einzigartige Schönheit sich vor allem daraus speist, dass es unendlich viel Raum gibt, eine endlose Weite und einen tiefen, klaren Himmel.

Auf so genannten Pads (afrikanisches Wort für jede Art von Straßen) reist man durch grandiose und unendlich weite Landschaften. Hier im Namib-Naukluft-Park.

Eine Wüstenfestung

Namibias Hochland ist nach allen Seiten hin durch Wüsten abgeschottet. Im Westen erstreckt sich die Namib in einem zwischen achtzig und hundertzwanzig Kilometer breiten Streifen am Atlantik entlang – mit großen Sterndünenfeldern, deren Flanken wie Krakenarme ineinander greifen, mit Kiesebenen, über die Strauße mit den eigenen Hitzespiegelungen um die Wette rasen, mit schroffen Canyons, in denen die Wassergumpen Wild und Pflanzen tränken. Fast unmerklich steigt die

Namib zum Landesinneren hin an und endet abrupt an den Bergen der Randstufe, mit der das Hochland nach Osten aus der Ebene auf bis zu 1700 Meter Höhe herauswächst. Goldrote Sandwellen brechen hier an dunklem Dolomitgestein. Nach Osten dagegen senkt sich das Hochland sanft zur Kalahari hin, geht fast unmerklich über in ihre sandigen Rippen, die von gleichmäßig blasenden Winden aufgetürmt wurden, sich in Jahrtausenden verfestigt haben und der Halbwüste heute das Aussehen eines Zen-Gartens verleihen – zumindest aus der Luft betrachtet. Wer sie durchstreift, hat das Gefühl, auf einer Berg- und Talbahn durch rostrote Landschaft zu gleiten, über kahle Wüstenhügel in mit Gras und Akazien bewachsene Täler und wieder hinauf auf die nächste Sandhöhe. Wie ein Halbmond umschließt die Kalahari das namibische Hochland von Osten und Norden her.

Siedlungsraum aller namibischen Völker war das zwischen 1200 und 1700 Meter hohe Plateau, das zwar ebenfalls nicht gerade mit wirklich fruchtbaren Böden oder ausreichend Regen gesegnet ist, den nomadisierenden Viehzüchtern aber stets ausreichend Weide für ihre Schaf-, Ziegen- und vor allem Rinderherden bot. Der Besucher, der das namibische Hochland das erste Mal bereist, wird in der Vegetation zwischen Keetmanshoop im Süden, Windhoek im Zentrum und Otjiwarongo weiter nördlich kaum Unterschiede ausmachen. Der namibische Botaniker W. Giess hingegen hat sein Land nach eingehendem Studium in drei Haupt- und vierzehn Unter-Vegetationszonen eingeteilt. So ins Detail wird kaum ein Reisender gehen wollen, aber mit der Zeit erkennt das Auge die feinen Unterschiede.

Dornig sind fast alle Pflanzen Namibias; die meisten gehören zu den Akaziengewächsen und zeigen sich dem Betrachter je nach Regenmenge in unterschiedlicher Form: ein Kameldorn, Sinnbild für Ausdauer und Kraft, gleicht im ariden Süden einem verkrüppelten Gnom, während er im Norden seine breite Krone stolz bis zu zehn Meter über den Boden erhebt. Laubträger wie Anabäume und den schmetterlingsblättrigen Mopane findet man im Süden überhaupt nicht: in der Region von Etosha in lichten, mittelhohen Wäldern; im Buschmannland und Caprivi als mächtige Baumriesen.

Nach guten Regenzeiten bedeckt hohes, in Büscheln wachsendes Gras die Erde; sich zunächst saftig-grün, dann bald in einem satten Gold kleidend, sodass das Spiel der Sonnenstrahlen die Landschaft immer wieder wie unter einer Brokatdecke schimmern und glänzen lässt. Nahezu bewegungslos grasen Oryx-Antilopen an der aromatischen Weide, Kudu-Böcke mit ihrem mächtigen Geweih bewachen Weibchen und Jungtiere; Straußenpaare führen elegante Ballettnummern auf, und Warzenschweinfamilien galoppieren mit erhobenem Schwänzchen über die Pads. Im Norden gesellen sich graue Elefantenriesen und die zotteligen Gnus zu den Antilopen; Löwen verdösen die Tage unter

1 *Die wilden Pferde sind Zeugen der Kolonialzeit. Sie wurden damals nach Namibia mitgebracht.* – 2 *Toter Wurzelbestand, der in dem Schiefergestein festhängt. Die so genannten Orgelpfeifen entstanden vor circa 150 Millionen Jahren.*

2

1

2

Schirmakazien, und Flusspferde und Krokodile lauern nahezu unsichtbar auf unvorsichtige Opfer. Ebenso wie die Pflanzen sind auch die Tiere den größtenteils ariden Umweltbedingungen perfekt angepasst. Überfluss an Wasser und Nahrung finden sie nur im Caprivi-Strip.

Wem gehört das Land?

Von den schwer zu überwindenden Wüsten Namib und Kalahari im Westen, Norden und Osten eingerahmt und im Süden so karg, dass auch von dort kaum einer den Versuch unternahm, ins Innere des Landes vorzudringen, war das Hochland fast hermetisch gegen Fremde abgeschottet. Dennoch wanderten im Lauf der Jahrhunderte immer neue Völker ein, bezwangen die Hindernisse und eroberten sich neuen Lebensraum: Als Erste kamen wohl um das 16. Jahrhundert die bantusprachigen Herero, stolze Viehzüchter mit riesigen Rinderherden, deren Wurzeln tausende Kilometer weg in Nordostafrika vermutet werden. Ihnen folgten wahrscheinlich kurze Zeit später die verschiedenen Völker der Ambo, auch sie den Bantu zugehörig und heute unter dem Sammelnamen Ovambo zusammengefasst. Wie die wahrscheinlich zeitgleich weiter östlich zuwandernden Kavango waren sie sesshafte Ackerbauern und suchten nach einem fruchtbaren Siedlungsgebiet, das sie nördlich der Etosha-Pfanne fanden. Hier zaubert der Fluss Kuvelai mit einem weit verzweigten Netz von Wasserarmen eine Oase in die Kalahari.

Über die Wanderungen dieser Völker erzählen heute nur Legenden – es gibt keine schriftlich gefasste Überlieferung der Geschichte; das gesprochene Wort der Alten ersetzt die Bücher – und dieses Wort wird immer seltener gehört. Woher die Menschen kamen, die heute in Namibia leben, können Ethnologen aus der linguistischen Verwandtschaft mit anderen Sprachen des schwarzen Kontinentes schließen und aus bestimmten rituellen Besonderheiten, die beim Zug nach Süden von anderen Völkern übernommen wurden.

Die Zuwanderung einer weiteren Volksgruppe ist dagegen schriftlich belegt: Wesentlich später und von Süden kommend überschritten Orlaam-Nama, Viehzüchter und durch den langen Kontakt mit den Weißen am Kap bestens bewaffnet, den Oranje zu Beginn des 19. Jahrhunderts. In den folgenden Jahrzehnten lieferten sie sich einen erbitterten Kampf mit den Herero um Vieh und Weiden, und beide Völker waren so damit beschäftigt, sich gegenseitig das Leben schwer zu machen, dass sie die Ankunft eines neuen und sehr mächtigen Feindes zu spät bemerkten.

Als die Nama begannen, sich gegen die Fremden zu wehren, hatte das Deutsche Reich Namibia längst zur Kolonie erklärt, und die ersten Siedler hatten sich niedergelassen.

Die Weißen – zuerst Deutsche, später dann Buren und Engländer – kamen als Letzte nach Namibia, und nachdem viele Familien nun seit über hundert Jahren hier leben, wäre es kleinlich, ihnen den Status als »Eingeborene« zu verweigern. Doch trotz aller Verwurzelung in der kargen namibischen Erde, trotz Solidarität einiger unter ihnen mit der SWAPO, trotz Unterstützung des politischen Neuanfangs und trotz Sam Nujomas Schlagwort »Reconciliation« – jedem weißen Farmer oder Unternehmer haftet bis heute der Ruch des unrechtmäßigen Landbesitzes an, denn die Vorfahren hatten sich den Grund und Boden stets mit mehr oder weniger Gewalt geholt.

Vor allem seit in Zimbabwe die Enteignung weißer Farmer als politisches Ablenkungsmanöver von der wirtschaftlichen Krise Furore macht, beobachten die namibischen Farmer jedes Wort, jede Geste

1 *Der Gaub-Pass ist eine wilde Geröllllandschaft, dessen vielfarbige Gesteinsschichten von Schiefer bis hin zu Sandstein reichen.* – 2 *Der Okavango Fluß ist circa 1700 Kilometer lang; er entspringt im Zentrum Angolas als Cubango.* – 3 *Die Kultur der San ist eine der ältesten in Afrika. Dieser San lauert in der Dämmerung auf Jagdwild.*

Sam Nujomas und seines Nachfolgers H. Pohamba sehr genau. Beide haben sich jedoch bislang als pragmatisch genug erwiesen, derlei Spielchen nicht zu initiieren. Neben all diesen Fremden und Zugewanderten leben drei Völker in Namibia, deren Herkunft völlig unklar ist: die Nama, verwandt mit den kriegerischen Orlaam (im Gegensatz zu diesen aber nördlich des Flusses Oranje beheimatet), trieben ihre Viehherden vor allem im südlichen Teil Namibias über die mageren Weiden. In Aussehen und Sprache ähneln sie den San oder Buschleuten, nur sind sie größer und von etwas dunklerem Teint. Ob sie ebenfalls Einwanderer sind oder eigentlich zur selben Volksgruppe gehören wie die San, werden Ethnologen und Linguisten wohl nie befriedigend klären können. Dass aber die San als Einzige in Namibia das Recht beanspruchen können, »Einheimische« zu sein, scheint einigermaßen gesichert: Denn sie oder ihre Vorfahren waren vermutlich die Ureinwohner im Südwesten Afrikas, und alle anderen Völker, schwarz wie weiß, sind später hinzugekommen. Die San teilen das Schicksal der meisten »Ureinwohner« überall auf der Welt: Mit jeder neuen Zuwanderungswelle wurden sie weiter in Randgebiete abgedrängt, bis sie schließlich dort landeten, wo sonst niemand leben wollte: in der Kalahari. Krankheiten und Kriege dezimierten das Volk, Zivilisation und Missionierung zerstörten ihre traditionelle Kultur, und heute leben die meisten Buschmänner, wie sie abfällig von den weißen Siedlern genannt wurden und werden, in armseligen Dörfern im Buschmannland oder in den Slums der Städte. Bleibt ein Volk zu nennen, das ebenfalls Rätsel aufgibt: die Damara. In Statur und Physiognomie gehören die großen, sehr dunkelhäutigen Bewohner Nordwestnamibias eindeutig zu den Bantu-Völkern; ihre Sprache wiederum besitzt so starke Ähnlichkeit mit dem Khoisan der Nama und San, dass man sie linguistisch eher diesen Gruppen zuordnen müsste. Die Damara selbst erzählen, dass sie von Nama versklavt worden seien und deren Kultur übernommen hätten. Den anderen namibischen Völkern waren Damara jedenfalls nicht ganz geheuer, denn sie besitzen die Macht, das Feuer zu beherrschen und Metall zu bearbeiten – und Schmiede werden in fast allen afrikanischen Kulturen gefürchtet und verachtet.

Spuren der Vergangenheit

Lesen wie in einem Buch kann man in Namibias geologischer Geschichte: Gesteine der verschiedensten Epochen und in unterschiedlichsten Schichtungen liegen offen vor dem Betrachter und erzählen von der Entstehung des Kontinents Afrika und der Landschaften an dessen südwestlicher Küste. Über die Geschichte der Menschen ist dagegen kaum etwas bekannt. Nur einige Bruchstücke tauchen in den Annalen auf: Landungen portugiesischer Karavellen an Cape Cross und Diaz-Point im 15. Jahrhundert, Stippvisiten von Missionaren und Jägern sowie Zuwanderung kriegerischer und gut bewaffneter Nama aus Südafrika im 19. Jahrhundert.

Mit genauen Daten belegen lässt sich die Geschichte Namibias erst ab dem Jahr 1883, als Heinrich Vogelsang am 10. April in einer geschützten Bucht an Land ging und den Ort zu Ehren seines Auftraggebers »Lüderitzbucht« nannte. Kurz darauf kamen die ersten deutschen Truppen ins Land; die Kolonie Deutsch-Südwestafrika, das heutige Namibia war geboren.

Was wäre aus Namibia geworden, wenn Ehrgeiz und Eigensinn des Bremer Kauf-

1 *Die Skelettküste liegt zwischen den Flüssen Swakop und Kunene.* – 2 *Das Okavango Delta ist Lebensquell für Menschen, Flora und Fauna: Sein Wasser ist trinkbar und weist keine erhöhte Salzkonzentration auf.* – 3 *Die Kultur der San ist gefährdet. Die Jungen verlieren häufig den Bezug zu ihren Wurzeln und die Traditionen sowie die Lebenserfahrung der Alten werden nicht weitergegeben.*

2

3

1

2

manns Adolf Lüderitz nicht so ausgeprägt gewesen wären? Man stelle sich vor: Lüderitz hätte Reichskanzler Bismarck nicht zum kolonialen Abenteuer überreden können, Südwestafrika wäre nicht von Deutschen besetzt und besiedelt und Diamanten wären nicht gefunden worden: Hätte Namibia dann ein friedlicheres 20. Jahrhundert erlebt? So jedenfalls war es eine sehr unruhige Epoche. Erst im Jahr 1990 wurde dann mit der Unabhängigkeit des Landes ein Schlussstrich unter die Gewalt gesetzt, mit der sich Schwarz und Weiß, aber auch die einheimischen Völker untereinander, überzogen hatten.

»Gott hat uns in der Welt über verschiedene Königreiche gesetzt, deshalb glaube und weiß ich, daß es keine Sünde oder Schuld ist, wenn ich ein selbstständiges Oberhaupt über mein Land und mein Volk bleiben will«, schrieb der Nama-Kapitän Hendrik Witbooi im Jahr 1894 in einem Brief an Major Leutwein. Witbooi war nicht der Einzige, der sich weigerte, den Schutzvertrag mit dem deutschen Kaiser zu unterschreiben. Aber so wie er wurden nach und nach auch alle anderen Widerspenstigen unterworfen. Ihren Höhepunkt erlebte die »Befriedungspolitik« der Kolonie mit dem Feldzug des Generals von Trotha gegen die Herero, die sich im Jahr 1904 am Waterberg versammelt hatten, weil sie befürchteten, in Reservate umgesiedelt zu werden. Trotha kesselte die Aufständischen ein und ließ ihnen einen einzigen Fluchtweg – in die Wüste nach Osten. Wie viele der etwa 60 000 Vertriebenen beim Treck durch die Kalahari umkamen, darüber wird noch heute gestritten. Die Angaben schwanken zwischen zwanzig- und dreißigtausend Menschen.

Von Pionieren und Diamanten

Dorniges, karges Land gab es in Südwestafrika zu besiedeln. Man konnte Schafe züchten, Rinder halten, auf Jagd gehen und Felle verkaufen. Man konnte mit den Eingeborenen Tauschhandel treiben – nur reich wurde man dadurch nicht. Südwestafrika war eine Kolonie der kleinen Hoffnungen jener Menschen, die in Deutschland nichts mehr zu verlieren hatten und die bereit waren, in der neuen Heimat hart zu arbeiten. Dies änderte sich auf einen Schlag, als der Bahnarbeiter Zacharias Lewala im Jahr 1908 in der Wüste bei Lüderitzbucht einen Diamanten fand und ihn bei seinem Vorgesetzten August Stauch ablieferte. In Südwestafrika brach das Diamantenfieber aus, und die Kolonie warf endlich Ertrag ab. Aber die Freude währte nicht lange: Mit Ausbruch des Ersten Weltkriegs fanden sich die deutschen Schürfer, Farmer und Soldaten Tür an Tür mit dem Gegner; Truppen zogen aus Südafrika gegen das Deutsche Reich, und im Jahr 1915 musste die Kolonie kapitulieren.

3

Rassismus und Reconciliation

Unter südafrikanischer Ägide erlebten die namibischen Völker, wie weit man rassistische Politik treiben kann. Rassentrennung, Umsiedlung in Trabantenstädte und Homelands, Verbot gemischtrassiger Beziehungen – all dies wurde in Südwestafrika praktiziert. Die Ermahnungen und Drohungen der UNO, das Land in die Unabhängigkeit zu entlassen, verhallten ungehört. Erst als die Belastungen durch den Krieg gegen die Befreiungsorganisation SWAPO, der vor allem im Norden Namibias seine grausame und blutige Spur zog, für Südafrika zu groß wurden, zeich-

1 *Köcherbäume – wurden wohl Wahrzeichen Namibias.* – 2 *Die Felsformation im Erongo-Gebirge wird »Bull's Party« genannt.* – 3 *Ursprünglich fußte die Wirtschaft Tsumebs auf der Gewinnung von Kupfererz. Mittlerweile gibt es hier auch Straussenfarmen.*

nete sich eine politische Lösung ab: Gegen den Abzug der Kubaner aus Angola gab Südafrika Namibia frei. Am 21. März 1990 wurde die Unabhängigkeit proklamiert und der SWAPO-Führer Sam Nujoma zum Präsidenten bestimmt. In den fünf seither abgehaltenen Wahlen konnte die SWAPO jeweils eine Zweidrittelmehrheit der Stimmen auf sich vereinen.

Namibia heute

Noch immer sind die Folgen der Apartheidspolitik in Namibia auf Schritt und Tritt präsent: Der größte Teil des Farmlandes gehört nach wie vor den Weißen, die meisten Schwarzen sind schlecht ausgebildet und arbeiten in untergeordneten Jobs, und die Mehrheit der farbigen und schwarzen Städter lebt immer noch in den uniformen Siedlungen der ehemaligen Townships. Der Guerillakrieg der SWAPO gegen die südafrikanische Besetzung hat den Menschen zwar die politische Selbständigkeit gebracht, die alten Wirtschaftsstrukturen aber lassen sich so nicht schnell ändern. Doch trotz der vielen Wunden, die Okkupation und Befreiungskrieg auf beiden Seiten geschlagen haben, stellte Namibias erster Präsident Sam Nujoma seine Politik unter das Motto Reconciliation, Versöhnung, und verzichtete darauf, die Weißen vor die Türe zu setzen – ein kluger Schachzug, war man doch auf deren Know-how angewiesen, um die Wirtschaft am Laufen zu halten. Heute werden weiße Manager und Funktionäre zunehmend durch schwarze Fachkräfte ersetzt.

Viele Wurzeln – ein Baum

Wie die meisten afrikanischen Länder stand auch das unabhängige Namibia vor der schwierigen Aufgabe, mehrere Völker sehr unterschiedlicher Herkunft zu einer Nation zusammenzuschweißen, deren Lebensraum durch willkürlich von den Kolonialmächten gezogene Grenzen definiert ist. Den politischen Begriff Nation mit Leben und Inhalt zu füllen, fällt in Namibia allerdings nicht so schwer wie anderswo. Separatistische Bestrebungen kommen unter den zwölf offiziell registrierten Ethnien des Landes selten vor, und dies mag seine Ursache darin haben, dass sich alle schwarzen Namibier zunächst einmal im Gegensatz zu den Weißen, die ein Jahrhundert lang allein über das Schicksal des Landes entschieden haben, als Einheit definieren und die volksspezifischen Unterschiede erst in zweiter Linie wahrgenommen werden. Nachdem die Unabhängigkeit vollzogen und das Land wirtschaftlich wie politisch stabilisiert war, traten aber die Divergenzen, Aversionen und Unterschiede immer deutlicher hervor. Im Alltag äußern sie sich in den üblichen Vorurteilen: Die Ovambo beispielsweise, die der Motor des Widerstandes gegen die südafrikanische Besatzung waren und heute mit der SWAPO die Zweidrittelmehrheit im Parlament besitzen, seien korrupt, selbstherrlich, und Sam Nujoma, der Ex-Präsident, ein Autokrat, sagen die einen. Herero seien verkappte Viehdiebe und arrogant, meinen die anderen. San gelten den meisten schwarzen Namibiern ohnehin als armseliges Lumpenpack. Aber dies sind nur die üblichen kleinen Querelen zwischen Brüdern.

Ernster war der Konflikt mit den im Caprivi-Strip lebenden Kleinvölkern, den »Caprivianern«. Diese wollten Autonomie für ihren schmalen Streifen Land und scheuten sich nicht davor, im Jahr 1999 zu den Waffen zu greifen. Doch die Staats-

1 *Romantisch: Giraffen im bisher wenig erschlossenen Kaokoveld.* – 2 *Die Himba sind ein Hirten- und Nomadenvolk, das im Norden Namibias und im Süden Angolas lebt.*

1

2

macht griff hart durch: Der Aufstand wurde schnell und blutig beigelegt.
Dass die Namibier trotz der vielen Jahre der Apartheid zu einer multikulturellen Nation zusammenwachsen, empfindet man nirgends so deutlich wie in Windhoek, der einst so gemächlichen, kolonialen Hauptstadt im Hochland. Menschen aller nur erdenklichen Hautfarben und -schattierungen arbeiten, leben, handeln miteinander, als hätten sie es noch nie anders gehalten. Und von Jahr zu Jahr, mit jedem neuen Besuch in Namibia, erlebt man das Zusammenwachsen stärker. Auf dem Land dagegen erscheinen die Gräben zwischen Schwarz und Weiß immer noch ziemlich tief.

Über den Regen

Alle Namibier, Alteingesessene wie Zugereiste gleich welcher Couleur, beschäftigen sich mit keinem anderen Thema so leidenschaftlich und ausführlich wie mit dem Regen. Mal regnet es zu wenig, dann wieder zu viel; mal am falschen Ort, dann zwar am richtigen, aber etwas zu lange oder kurz genug, aber zu heftig. Fremden erscheint die Frage des Regens stets wie eine geheime Wissenschaft, die sie nie verstehen werden, weil es womöglich gar keine rational fassbaren Regeln und Gesetzmäßigkeiten gibt. Es ist durchaus keine Seltenheit, dass ein Wolkenbruch am Ende einer sehr schlechten Regenzeit nicht als Segen, sondern als Katastrophe empfunden wird; dass der Regen zu früh im Jahreszyklus Sorgenfalten auf die ohnehin schon recht zerfurchten Gesichter der Farmer treibt oder dass umgekehrt ein leichtes Nieseln mit großer Freude begrüßt wird – wenn es denn nur zur rechten Zeit und am richtigen Ort niedergeht.
Die meisten Namibier beobachten die Natur um sie herum sehr genau und interpretieren ihre Zeichen. Bricht hier die magere Bodenkrume auf? Wuchert dort mehr Dornwerk als üblich? Steht das Wasser im Flussbett oder fließt es? Welches Wild wechselt über den Farmgrund, und ist womöglich ein Räuber aufgetaucht, der schwache Rinder schlägt?
All diese Spuren und Zeichen, dazu die Signale von Himmel, Wolken und Wind verweben sich im Zusammenspiel mit dem Instinkt der Farmer und ihrer Landarbeiter zu einem Wurzelwerk, aus dem die richtigen Entscheidungen erwachsen. Fehler bezahlt man teuer, wenn man in einem so empfindlichen Naturraum lebt. Dann stirbt das Vieh weg oder muss notgeschlachtet werden, und die Familie – immerhin stolzer Besitzer von bis zu 20 000 Hektar Grund – hat kaum genug, um das nächste Jahr zu überstehen.
Für uns, die wir in namibischen Augen aus »Übersee« kommen und deshalb ohnehin nichts verstehen, gibt es jedenfalls nichts Schöneres als das Land nach einem Regen erwachen zu sehen. Wie von Zauberhand öffnen sich Blumen, die zuvor als Gespinst trockener, grauer Stängel den rissigen Boden bedeckten. Frisches Grün sprießt aus Felsspalten und dornenbewehrten Ästen; Bäume und Büsche bringen flauschige Blüten in Rosé, Zartgelb oder unschuldigem Weiß hervor; Sogar die Wüste erblüht und kleidet sich mit silbrigem Gras. Antilopen, Giraffen und Strauße scheinen richtig angesteckt von der guten Laune der Natur und äsen mit großem Vergnügen und wenig Scheu an ihrem frisch gedeckten Tisch.
Nach wenigen Wochen verschwindet dieses Wunder wieder; Namibias herbe, karge Schönheit kehrt zurück und mit ihr das bange Warten auf den nächsten Regen.

1 *Der Kameldornbaum ist wichtiger Schattenspender in der Wüste.* – 2 *Die Elefanten im Etosha Nationalpark sind Passanten gewohnt. Vorsicht ist allerdings geboten, wenn Jungtiere dabei sind.* – 3 *Die Himba Frauen leben im Einklang mit der Natur und verstehen es, deren Ressourcen zu nutzen.*

Der weite Süden

Ein typischer Bewohner der Wüste, so sagen es die Menschen im Süden Namibias, ist der Köcherbaum, und ein passendes Symbol für die Eigenarten und Tugenden dieses Landes: Er liebt es, vereinzelt zu stehen, ist ausdauernd, genügsam und zudem von einer herben, filigranen Schönheit.

Der Köcherbaum ist in Namibia weit verbreitet. Er wächst vornehmlich an felsigen Hängen und speichert das Wasser in den Fasern des Stammes und der Äste.

Aus der Ebene

Keetmanshoop – Lüderitz – Swakopmund – Kolmannskop – Bethanie – Garub

Wo immer in Namibia hartes Gestein die Böden bedeckt und Regen eher selten fällt, zeigt der Köcherbaum seine wie ein Kelch geformte Krone aus kurzen, gedrungenen Ästen, an deren Enden scharfkantige Blätter sitzen – und so gut wie immer steht er allein. Nur um Keetmanshoop bildet diese Aloenart eine Art Wald. Fast möchte man meinen, die Köcherbäume seien hier zu einem Schönheitswettbewerb angetreten: Symmetrisch strecken sie ihre kahlen Arme gegen das Himmelsblau, lassen die harten Blätter vom Tagesgestirn vergolden und baden ihre rissigen Stämme im Orangerot des Sonnenuntergangs.
Das weiche, faserige Gewebe im Inneren seines Stammes speichert die Feuchtigkeit so lange, bis ein neuer Regen die Wurzeln des Köcherbaums benetzt. Die San, so erzählt man, höhlten seine Äste aus, um darin ihre kleinen, giftigen Pfeile zu transportieren; die ersten Siedler wiederum sollen in seinem Stamm Lebensmittel gekühlt haben.
Köcherbäume sind es auch, die am Rande des Fish River Canyons für markante Landmarken im fast völlig ebenen, wüstenhaften Südnamibia sorgen. Wie eine riesige Schlange windet sich der Canyon durch eine ganz und gar öde Landschaft. Die Nama erzählen, dass hier tatsächlich eine monströse Schlange auf der Flucht vor einem Jäger ihre Spur tief in den Fels gegraben habe – die Geologie dagegen sieht die Entstehungsgeschichte der Schlucht etwas komplizierter: Seit Jahrmillionen sind Erdhebungen, Senkungen, Ablagerungen und die Erosionstätigkeit von Wasser und Wind damit beschäftigt, an diesem einzigartigen Naturwunder zu bauen. Bislang haben sie es immerhin geschafft, den mit 160 Kilometer Länge und bis zu 500 Meter Tiefe zweitgrößten Canyon der Welt in das gelbgraue Gestein zu

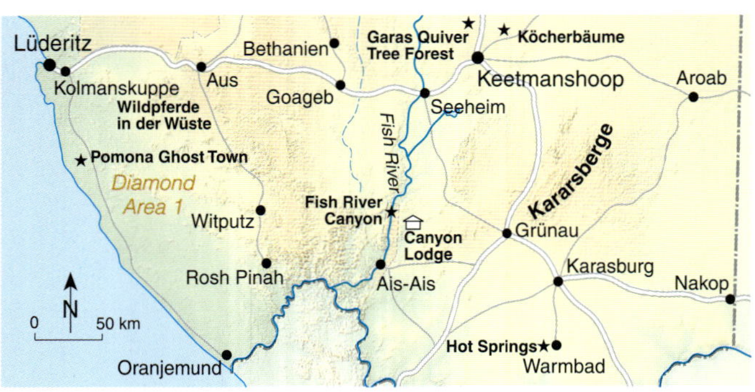

fräsen. Dass es nun mit dem Verbreitern und Vertiefen nicht mehr so recht vorangeht, liegt daran, dass der Fish River im Hardap-Damm gestaut wird, um Namibias Wasserversorgung abzusichern. Im Canyon fließt er, wenn überhaupt, als klägliches Rinnsal.
Vier Tage dauert die knapp 90 Kilometer lange Wanderung durch die Schlucht – eine Herausforderung für jeden, der gerne in wilder Natur unterwegs ist. Es sind vier Tage, in denen man alles mit sich herumschleppen muss, was man so zur Verpflegung braucht. Auch wenn man nur das Allernötigste packt, wiegt der Rucksack zwanzig Kilo, die über Stock und Stein gewuchtet werden wollen. Bereits der Abstieg über die 500 Meter hohe Felswand in die Schlucht hinunter fordert einiges an Kraftanstrengung. Zwei Stunden lang Kriechen und Klettern auf dem in den Fels geschlagenen Pfad werden mit unkontrolliert zitternden Knien belohnt.
Dann geht es im sandigen Flussbett weiter. Als mageres, zu einem Netz flacher Wasserarme verzweigtes Rinnsal stellt sich der Fish River immer wieder den Wanderern in den Weg; nur von Stein zu Stein hüpfend gelangt man über die trüben Wasserlachen voller Froschlaich und Entengrütze. Doch das Naturerlebnis ist einzigartig, und an den Felswänden links und rechts kann man lesen wie in einem Buch: Sie erzählen Geschichten von Vulkanausbrüchen, die Schründe aufgerissen haben, von Meeren, deren Bewohner als Sedimente abgelagert wurden, von unter-

1 *Der Hardap Dam nahe Mariental ist der größte Stausee Namibias und wird von einer 862 Meter langen Mauer umgeben.* – 2 *Die B4 führt in die aus der wilhelminischen Kaiserzeit stammende Stadt Lüderitz.*

1

2

1

2

irdisch austretenden Magmaströmen, die sich zwischen Gesteine gedrängt und schwarze Furchen und Linien hinterlassen haben. Im Fels wurzeln zähe Grasbüschel und Köcherbäume, Pavianhorden folgen den Wanderern, Bergzebras und Antilopen nehmen Reißaus, und gelegentlich hört man nachts das hungrige Grollen eines Leoparden.
Auch hier, weitab jeder Zivilisation, gibt es Zeugnisse der deutschen Kolonialzeit: Twee Palms, Dattelpalmen an einer schwefelhaltigen Thermalquelle, stammen wahrscheinlich aus dem Proviant von Soldaten, die hier durchgezogen sind und die Dattelkerne achtlos weggeworfen haben. Das Grab des Leutnants Thilo von Trotha passiert man auf der dritten Etappe – er wurde bei Auseinandersetzungen zwischen Schutztruppe und Nama erschossen. Dass die Schlucht früher, als der Fluss sie durchströmte, ein wichtiges und begehrtes Siedlungsgebiet war, belegen aber nicht nur die Scharmützel zwischen Kolonialsoldaten und Nama, bei denen es immer wieder um abgetriebenes Vieh oder Weideland ging, sondern auch zahlreiche Siedlungsreste im Canyon, die bis in die Steinzeit zurückreichen.
Der nach vier Tagen, vielen Blasen und schmerzenden Gliedern heiß ersehnte Endpunkt der Tour ist Ai-Ais: Auch wer die Schlucht nicht durchwandert hat, wird den »siedend heißen« Ort – so jedenfalls nennen ihn die Nama – als Oase in der Wüste begrüßen. Hier sprudeln stark mit Schwefel und Fluor gesättigte Quellen aus dem Fels. An kühlen Tagen verhüllt der Dampf des 60 °C heißen Wassers den schönen Zeltplatz und die Bungalows, und wer sich einmal in dem wohlig warmen Becken niedergelassen hat, möchte es ungern verlassen. An den Felswänden klettern Affen, Felsschwalben segeln elegant im Wind, und in den Blutakazien sind Webervögel mit dem Nestbau beschäftigt. Abends werden aromatisch duftendes Fleisch und Boerwurst gegrillt und mit kühlem Windhoek Lager hinuntergespült – spätestens dann verblassen die Mühen der Wanderung.

Von Kaufleuten und Diamantenschürfern

Lüderitz, die älteste deutsche Siedlung auf namibischem Boden, liegt völlig abgeschieden und nur nach langer Wüstenfahrt erreichbar am Ende einer »Sackgasse« am Atlantik. Nur eine Straße führt in die kleine Hafenstadt hinein und wieder hinaus, denn Lüderitz ist umgeben von Sperrzonen: Im Süden liegt das Diamantensperrgebiet, im Norden der Namib-Naukluft-Park – beide dürfen nur mit Sondergenehmigungen betreten werden. Die Strecke von Keetmanshoop nach Lüderitz ist für motorisierte Reisende eine eher langweilige Halbtagesetappe, und während man durch die monotone Landschaft fährt, kann man sich gut vorstellen, welche Entbehrungen und Strapazen die ersten Siedler auf sich nehmen mussten,

3

4

1 *Lüderitz liegt an einer der wenigen natürlichen Buchten. Dass im Wüstensand Diamanten liegen würden, hatten sich die ersten deutschen Siedler sicher nicht träumen lassen.* – 2 *Der Fish River ist mit 650 Kilometern der längste Fluss Namibias. Nach der Regenzeit führt er riesige Wassermengen mit sich.* – 3 *Mischlings-Familien, die aus Beziehungen zwischen Nama-Frauen und Buren in Südafrika entstanden sind, nennt man Baster.* – 4 *Eine Nama-Familie auf dem Weg zur Messe.* – 5 *Eine alte Nama Frau im Tses Gebiet.*

um den Weg vom Hafen Lüderitzbucht durch die Wüste ins Hochland hinauf zu bewältigen. Die Lasten wurden von Ochsenkarren gezogen, von Gespannen, in die bis zu 16 Tiere geschirrt wurden und die in zäher Langsamkeit durch die Namib nach Osten zogen – durch eine Wüste, die wenig Verlockendes besitzt, sondern eher verzweifelte Gedanken und Trugbilder nährt. Bereits die Ankunft mit dem Dampfer in der von schwarzen, zackigen Felsen gerahmten Lüderitzbucht, hinter der die Sandberge der Wüste an den tanzenden, grauen Staubschleiern zu erahnen waren, muss eine große Enttäuschung gewesen sein: So sah es also aus, das gelobte Land. Aber Heinrich Vogelsang ließ sich im Jahr 1883 als Abgesandter des Bremer Kaufmanns Adolf Lüderitz von der unwirtlichen Szenerie bei Angra Pequena, wie Lüderitz damals hieß, nicht beirren. Er sollte Land erwerben, und das tat er in Verhandlungen mit dem Nama-Oberhaupt Joseph Fredericks mit Nachdruck und List. Kaum waren die Verträge besiegelt, stellte sich heraus, dass Vogelsang ein Areal sein Eigen nannte, das vom Oranje bis zum heutigen Helmeringshausen reichte, während Fredericks davon überzeugt war, ein wesentlich kleineres Stück Land nicht verkauft, sondern verpachtet zu haben. Während Vogelsang mit den Nama verhandelte, antichambrierte Lüderitz in Berlin und bewegte Kanzler Otto von Bismarck dazu, das erworbene Land – auf das England ebenfalls Anspruch erhob – unter deutschen Schutz zu stellen.

1

Am 6. August 1884 wurde in Angra Pequena die deutsche Flagge gehisst und Deutschlands Anspruch durch die Entsendung dreier Kanonenboote bekräftigt. Adolf Lüderitz, der fieberhaft nach Bodenschätzen suchen ließ, die Gewinn versprechen würden, kam zwei Jahre später ums Leben. Sein Boot kenterte, der Kaufmann ertrank. Die ersten Unternehmen ließen sich nieder – viele im Transportgewerbe tätig wie die Reederei Woermann, deren Stammhaus noch heute zu Lüderitz' schönsten Jugendstilbauten zählt. Militär wurde über Lüderitz landeinwärts verfrachtet, darunter auch ein Oberst Goerke, der nach der Entlassung aus dem Dienst in Lüderitz seinen Wohnsitz nahm und dessen Haus wegen der herrlichen, mit Flamingos geschmückten Jugendstilfenster noch heute bewundert wird. Aber lange währte die erste Blüte von Lüderitz nicht: Abgesehen davon, dass der Hafen recht abseits gelegen und schwer erreichbar war, gab es hier auch kaum Frischwasser. Also verlagerten sich die Aktivitäten der Kolonie schon bald nach Swakopmund, von wo aus man das Hochland besser erreichen konnte, wo es aber keinen geschützten Hafen gab: So kam Lüderitz wieder zu Ehren, als ab dem Jahr 1904 immer mehr Truppen und Gerät ins Land geschafft werden mussten, um aufständische Nama und Herero zu bekämpfen. Und so richtig in Schwung kam die Wirtschaft dann vier Jahre später, 1908, als nicht weit entfernt in der Wüste Diamanten gefunden wurden. Im Jahr 1912 bekam Lüderitz seine repräsentative, neugotische »Felsenkirche« und zwei Jahre später einen Bahnhof in bestem wilhelminischen Stil –, all diese architektonischen Kostbarkeiten sind bis heute hervorragend erhalten und liebevoll in klaren, leuchtenden Farben restauriert. Vielleicht wirkt die kleine Stadt am häufig tobenden Meer deshalb wie eine Puppenstube.

Der Diamantenboom überdeckte jedes andere Gewerbe, und neben Lüderitz entstand ein paar Kilometer landeinwärts

1 *Lüderitz entwickelte sich nach der Entdeckung der Diamanten im Jahr 1908 zu einem florierenden Handelshafen. Seit der Rückgabe von Walvis Bay leidet die Stadt unter der Konkurrenz des größeren Hafens.* – 2 *Die Wüste hat sich die Diamantenstadt Kolmanskop zurückerobert. Das trockene, heiße Klima hat die historischen Bauten hervorragend konserviert.* – 3 *Der gut 50 Meter hohe Bogenfels liegt südlich von Lüderitz.*

2

3

1

Kolmanskop mit Hotels, Gaststätten, Kegelbahn, Turnverein und Villen im Stil der Gründerzeit – eine Diamantenstadt mitten in der Wüste. Zwar zogen die Schürfer bereits nach wenigen Jahren weiter, da Funde im Mündungsgebiet des Oranje weit größeren Gewinn versprachen. Aber einige Unentwegte harrten bis in die 1950er-Jahre aus und buddelten immer noch weiter nach den Steinen. Erst dann wurde Kolmanskop aufgegeben, und die Wüste deckte es langsam, aber unerbittlich wieder zu.

Heute ragen die Mauern der Häuser von Kolmannskop wie Skelette aus dem Sand. Dank der staubtrockenen Luft sind sogar Teile der Inneneinrichtung bestens erhalten.

Bizarre Spuren in der Wüste

Ein paar Pferde galoppieren zwischen Granitbuckeln davon, Strauße veranstalten Wettrennen mit dem Schatten des Autos, Springböcke hüpfen in panischer Flucht wie Jojos auf und ab, und Ortsschilder wie Schakalskuppe, Goageb, Seeheim weisen auf der B4 von Lüderitz nach Keetmanshoop zu Siedlungen und Farmen im Nirgendwo. Die Menschen, die hier am Rand der Namib leben, sind wortkarg, etwas eigen, aber durchaus herzlich. Um nichts auf der Welt würden sie ihre Wüste verlassen und in fruchtbareren oder dichter besiedelten Regionen leben. Viele von ihnen züchten Karakulschafe, deren Fell zu Persianerpelzen verarbeitet über Jahrzehnte für Wohlstand sorgte. Dann kam die Zeit der Proteste gegen Pelzträgerinnen und damit das Aus für die Karakulfellchen. Enttäuscht sattelten viele Farmer von der Pelz- auf die Fleischzucht um – Karakulschafe eignen sich auch dafür hervorragend.

Heute, wo die Nachfrage nach dem seidigen, in großen Locken fallenden Fell der Karakullämmer wieder zunimmt, gibt es zu wenig Nachschub, und die Preise für »NAKARA« – die namibische Bezeichnung der wertvollen Fellchen – steigen. Vereinzelt stehen in dieser Einöde auch Erinnerungsstücke der weißen Landnahme herum – in Bethanie, etwas abseits der Hauptstraße beispielsweise das älteste Missionshaus Namibias, im Jahr 1814 von Heinrich Schmelen errichtet, der den Nama das Wort Gottes predigte und schließlich im Jahr 1822 wieder aufgab, weil Fehden zwischen den einzelnen Nama-Gruppen so überhand genommen hatten, dass er um sein Leben fürchten musste. Immerhin hatte er in Bethanie seine große Liebe kennen gelernt, eine junge Nama-Frau, und mit ihrer Hilfe ließ er die erste Übersetzung des neuen Testaments in ein südwestafrikanische Sprache anfertigen. In Bethanie fand übrigens auch jener denkwürdige Vertragsabschluss zwischen Joseph Fredericks und Heinrich Vogelsang statt, der den Grundstein für die deutsche Kolonisation legte.

In Aus beschattet eine verkrüppelte Akazie ein paar rostige Töpfe und Gerätschaften, die an das Ende der deutschen Kolonie erinnern: Das Gelände diente nach der deutschen Kapitulation ab 1915 vier Jahre lang als Internierungslager für Militärangehörige. Diese erwiesen sich dem Ideal deutscher Tüchtigkeit würdig, indem sie das Lager zu einer so funktionstüchtigen kleinen Stadt mit Bäcker, Fleischer et cetera ausbauten, sodass sogar ihre südafrikanischen Bewacher bei ihnen einkauften. Um das Ganze herum fuhr eine praktische

1 *Garub war einst eine kleine Bahnstation an der Eisenbahnlinie von Aus nach Lüderitz.* – 2 *Schloss Duwisib mutet mitten in der Wüste an wie eine Fata Morgana. Der sächsische Artillerie-Offizier Hansheinrich von Wolf hat sich im Jahr 1908 hiermit einen Traum erfüllt.*

Schmalspurbahn – doch nichts davon ist heute noch erhalten.
Auch die berühmten Wildpferde der Namib, die sich meistens in der Nähe der Bahnstation Garub aufhalten, sollen – so wollen es jedenfalls die Legenden – Zeugnisse der Kolonialzeit sein: Ob sie nun von freigelassenen Zuchtrössern des exzentrischen Grafen Hansheinrich von Wolf abstammen oder Nachkommen einfacher Schutztruppengäuler sind – sie haben sich dem Leben in der Wüste angepasst und bilden eine ansehnliche Herde, deren Größe je nach Regen und Weidequalität zwischen 120 und 200 Tieren schwankt.

Tierliebende deutsche Touristen haben den wilden Namibpferden sogar eine Tränke gebaut, damit sie auch in schlechten Jahren überleben können. Das skurrilste Zeugnis weißer Siedlungstätigkeit in Südnamibia aber ist sicherlich das Schloss Duwisib, mit dem sich ebenjener Hansheinrich von Wolf einen Lebenstraum erfüllte, der freilich nicht lange währte. Der beliebte Architekt Wilhelm Sander setzte dem vermögenden Adeligen im Jahr 1909 ein romantisches mittelalterliches Schlösschen mit Wehrmauern und Turm in eine wahrhaft schöne, wenngleich recht herbe Gebirgslandschaft. Der Graf ließ schwere Möbel, Teppiche und Gemälde nach Südwest transportieren, schmückte die Wände mit Ritterrüstungen und mittelalterlichen Waffen, begann Pferde zu züchten und verließ sein Schloss fünf Jahre später, um nach Deutschland zurückzukehren. Er fiel bei der Schlacht an der Somme.

Lieder der Nama

Die Menschen, die hier im Süden Namibias traditionell ihre Herden weiden lassen, gehören zum Volk der Nama. Dieses teilt sich in mehrere Untergruppen auf, aber alle gemeinsam definieren sich im Gegensatz zu den »Schwarzen«, den Ovambo und Herero, als »Rote Nation«: Ihre Haut ist deutlich heller, die Wangenknochen sind hoch und verleihen den Gesichtern einen fast asiatischen Ausdruck. Das Haar wächst wie bei den San, mit denen sie auch eine sprachliche Verwandtschaft verbindet, in deutlich abgesetzten Büscheln.
Ihre ausgeprägte Totenfurcht machte es den weißen Missionaren schwer, ihnen die Glaubensinhalte der Wiederauferstehung zu vermitteln – eine Horrorvision für traditionell denkende Nama, die früher nach jedem Todesfall ihre Siedlung verließen und an anderer Stelle neu aufbauten. Heute leben die meisten Nama als Arbeiter auf Farmen. Nur wenige von ihnen besitzen eigenes Land – und wenn doch, dann sind die Grundstücke viel zu klein. Die meisten Arbeitgeber schätzen den intuitiven Umgang der Nama mit dem Vieh, ihre tiefe Kenntnis der Natur, und sie rühmen ihre Musikalität.
Sonntags machen sich die Menschen mit Eselskarren auf den Weg von den Farmen in den nächsten Ort, wo in ländlichen Kirchen der Gottesdienst mit inbrünstigen Chorälen gefeiert wird. Vielstimmige Gesänge, begleitet von einer Rohrflöte, gehören zum traditionellen Liedgut der Nama, und so haben sie den christlichen Gesang mit großem Enthusiasmus übernommen.

1 *Dem Wanderer bietet sich ein traumhaftes Panorama auf den Fish River Canyon.* – 2 *Die Bungalows der Canyon Lodge fügen sich hervorragend in die Granitfelsenlandschaft ein.* – 3 *Der Esel ist für die Namas das Haupttransportmittel.*

2

3

Neben den zähen Grasbüscheln klammern sich Kandelaber-Euphorbien an die Hänge des Fish Canyon. Scharfkantiges Gestein, Dornen und Hitze machen den Wanderern in der zweitgrößten Schlucht der Welt zu schaffen.

1

2

3

1 bis 6 *Kolmannskop ist eine Geisterstadt. Die ehemals 1000 Einwohner ließen sich eine Schule, ein Elektrizitätswerk, ein Krankenhaus ausgestattet mit der ersten Röntgenstation der Südhalbkugel, eine Eisfabrik, ein Theater, eine Turnhalle mit Kegelbahn, ein Schwimmbad u.v.m. errichten. Der Reichtum der Bewohner von Kolmanskop gründete auf Diamantenfunden. Für die Diamanten waren die vornehmlich deutschen Siedler bereit, die permanente Hitze und Dürre zu ertragen. Eine alte Kegelbahn zeugt noch vom Luxus der Siedler.*

5

6

Die Namib-Wüste

Jede sandige Stelle in der Wüste ist eine Schreibtafel des Lebens. Und wer gezwungen ist, hier zu leben, der lernt schnell und ganz von selbst, die Schrift der Hufe, Klauen und Pfoten zu entziffern.
(Henno Martin)

Der Namib-Naukluft-Park ist mit seinen endlosen Dünenlandschaften, schroffen Bergen, fantastischen Flusstälern Namibias größtes Naturschutzgebiet.

Die älteste Wüste der Welt

Namib – Naukluft-Gebirge – Sesriem – Sossusvlei – Swakopmund – Wlotzkasbaken – Jakkalsputz – Torra Bay

Gemessen an der Größe anderer Wüsten ist die Namib ein Zwerg, zumindest was ihre Ost-West-Ausdehnung betrifft. Zwischen 100 und 200 Kilometern ist sie breit – für traditionelle Wüstenvölker eine lächerliche Entfernung, die sie mit ihren Dromedaren mühelos überwinden könnten. In Namibia allerdings gab es bis zur Ankunft der Deutschen keine Dromedare, und Antilopen wie der Gemsbock, dessen Körperfunktionen der Trockenheit ähnlich angepasst sind, lassen sich nicht domestizieren. So blieb der Streifen zwischen der Großen Randstufe, die das Hochland begrenzt, und dem Atlantik für die Menschen eine kaum überwindbare Barriere – namib in der Sprache der Nama.

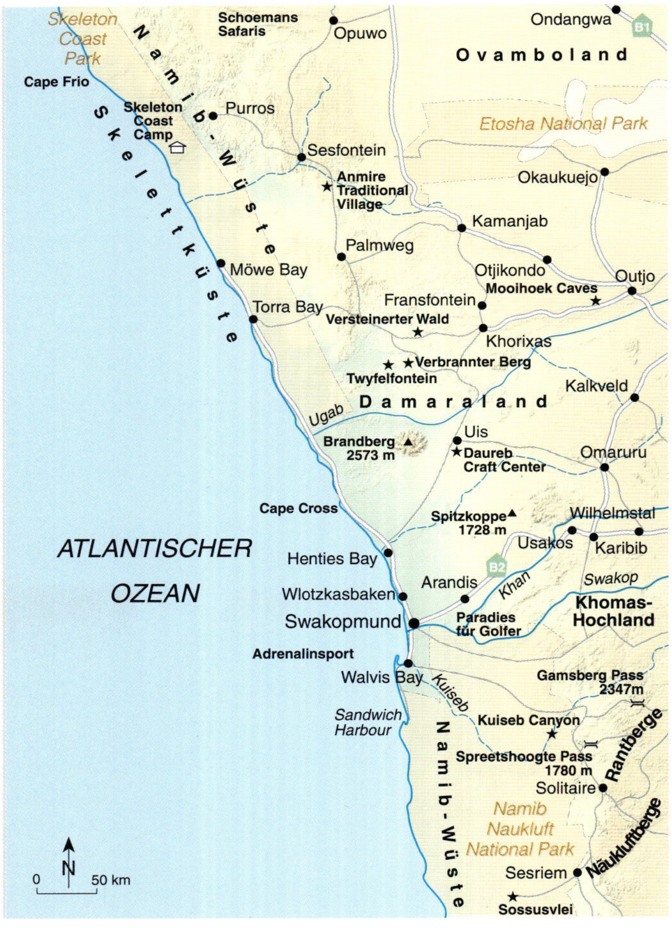

Vom Oranje im Süden Namibias bis weit nach Norden, über den namibisch-angolanischen Grenzfluss Kunene hinaus reicht die Namib. Sie gilt als älteste Wüste der Welt, entstanden lange, bevor Menschen über Namibias Savannen zogen, und durch die extreme Wasserlosigkeit kaum nutzbar. Auch in der Namib gibt es Oasen, doch diese werden meist von den gelegentlich sich mit Wasser füllenden Flüssen gespeist, nicht von Quellen. Trockenflussbetten wie die des Swakop, des Ugab und des Kuiseb durchschneiden die Namib von Ost nach West.

In guten Regenjahren wälzen sich richtige Ströme durch die »Riviere«, manchmal durchbrechen sie sogar den Dünengürtel, der parallel zur Atlantikküste den Flüssen den Weg zum Meer versperrt. Solche denkwürdigen Naturereignisse dauern meist nur einige Tage, dann versickert das Wasser wieder. Der periodische Wassersegen nährt Oasen und Galeriewälder entlang der Trockenflussbetten. Da gedeihen in der Wüste plötzlich bis zu 20 Meter hohe Anabäume – Namibias mächtigste Akazienart –, Tamarisken und Ebenholzbäume werfen Schatten über die sandigen Ebenen, und an einigen Stellen wurden von Siedlern Eukalyptus und Dattelpalmen angepflanzt.

Das unterirdisch gespeicherte Wasser in den Flussbetten malt »Grünstreifen« in die graubraunen Kiesebenen der Namib; die Galeriewälder sterben erst, wenn viele Jahre kein Wasser mehr kommt.

Zufluchtsort Wüste

Am Rande der Namib, ihr zugehörig und doch eine ganz eigene ökologische Nische

1 *»Sossus« bedeutet »blinder Fluss« in der Sprache der Nama. Das Gebiet Sossusvlei ist eine von Dünen umschlossene beige Salz-Ton-Pfanne (»Vlei«) in der Namib-Wüste.* – 2 *Die Akazien des Vlei starben durch das Versanden des Flusses Tsauchab ab.*

1

2

1

2

bildend, ragen die Gipfel des schroffen Naukluft-Gebirges bis knapp 2000 Meter auf. Viel häufiger als über der Wüste regnet es hier, das Wasser wird in den Klüften und Spalten gespeichert und tritt in Quellen und Bächen wieder zu Tage.

Die Region ist so fruchtbar und wasserreich, dass zahllose Tiere darin ein Habitat gefunden haben: Über 140 verschiedene Vögel, darunter Schwarzenten, verschiedenste Arten von Tokos, Käuzchen, Eulen und Adler wurden in der Naukluft gezählt – neben den üblichen namibischen Felsenbewohnern, den Klippspringern, Pavianen und Leoparden leben Kudus, Oryx-Antilopen und das vom Aussterben bedrohte Hartmannsche Bergzebra in der Gebirgsoase. Und irgendwo erinnert ein einsames Soldatengrab daran, dass die Naukluft auch letzte Zuflucht war für einen charismatischen Anführer und seine Truppe: Von April 1893 bis September 1894 verbarrikadierten sich Nama unter ihrem Kapitän Hendrik Witbooi im Gebirge. Dem belagernden deutschen Kontingent lieferten sie einen verzweifelten Kampf um ihre Unabhängigkeit, denn Witbooi weigerte sich, den Schutzvertrag zu unterschreiben. Erst nach einem guten Jahr musste er schließlich doch kapitulieren.

Im Kuiseb-Canyon verbargen sich zwei deutsche Geologen zwei Jahre, um der Internierung zu entkommen, die allen deutschstämmigen Männern in Südwestafrika mit Ausbruch des Zweiten Weltkriegs drohte. Die beiden Kriegsflüchtigen überlebten in der ariden Umgebung zweieinhalb Jahre unter extremen Bedingungen, bis sie sich letztlich den Behörden stellten. Was Hermann Korn und Henno Martin in der kargen Wüstenschlucht erlebten – wie sie ihr erstes Wild erlegten, einen Unterschlupf bauten, Krisen überstanden –, schilderte Henno Martin Jahre später in seinem spannenden Buch »Wenn es Krieg gibt, gehen wir in die Wüste«. Im »weißen« Namibia ist sein Bericht ein Symbol für die Werte, die bereits die ersten Siedler auszeichneten und bis heute hoch gehalten werden: Ausdauer, Genügsamkeit, Geduld und Liebe zu der kargen Natur. Für aus der »modernen Zivilisation« kommende Besucher wirken solche Begriffe vielleicht antiquiert und deplatziert. Wahrscheinlich macht aber gerade diese, von manchen wohl als rückständig empfundene und dennoch sehr imponierende Haltung vieler Namibier den ganz besonderen Reiz des Landes aus.

Sinnlich-schön: am Sossusvlei

Wie eine Mahnung an das so anfällige Gleichgewicht im Kreislauf der namibischen Natur säumen die schwarzen Skelette verdorrter Akazien das Flussbett des Tsauchab River. Von seinem Canyon bei Sesriem fließt er nach Westen mitten in ein Sanddünengebiet hinein und bildet zwischen den hohen Sterndünen einen stillen, tiefblauen See, dessen Wasser meist schnell verdunstet und eine aus dem Gestein gelöste weiße Schicht wertvoller Mineralien am Boden hinterlässt – für das Wild eine wichtige Ergänzung zur salzarmen Nahrung. Doch die Regenfälle im Hochland reichen nicht immer aus, um den Tsauchab bis zum Vlei zu füllen. Viele Jahre versickerte das Wasser bereits vorher, auf dem Weg durch die Namib, und so starben schließlich auch die Akazien.

Erst in den Jahren 1999, 2000, 2005 und 2011 waren die Regenzeiten wieder so gut, dass der Fluss bis zum Sossusvlei strömen konnte, und er führte so viel Wasser, dass der See am Fuß der Dünen noch bis weit in die Trockenzeit hinein Watvögel an seine Ufer lockte. In Namibia wurden diese Zeiten wie Wunder gefeiert: Nach so vielen Jahren der Dürre

1 *Wegen des darin enthaltenen Eisenoxids färbt sich der Sand leuchtend orange.* – 2 *Das Sossusvlei ist eine von gigantischen Sanddünen – den höchsten der Welt – umschlossene Lehmsenke. Sie liegt im Namib-Naukluft-Park, der mit nahezu 50000 Quadratkilometern Afrikas größter Nationalpark ist.* – 3 *Sonnenuntergang am Rand der Wüste.*

1

2

3

spendete der Himmel endlich im Überfluss, und der See wurde zum Symbol für den Anbruch einer besseren Epoche. Sossusvlei ist eine Landschaft von so eigentümlicher Schönheit, dass man sie immer wieder und in immer neuem Licht sehen möchte. Goldgelb, rostbraun, in gräulichem Beige oder tiefrot schimmert der Sand, je nach Sonneneinstrahlung. Sinnlich wachsen die Flanken der Dünen aus der Ebene empor, ineinander verschlungen, hintereinander gestaffelt, weiche Kuhlen und scharfe Kämme bildend, stets von zarten Sandschleiern umhüllt – uniform und doch jede ein Wunderwerk für sich, bis an den Horizont reichend. Jeden Tag betreten viele Menschen diesen Skulpturengarten aus Sand, stapfen an den Kämmen entlang die Dünen hinauf und rutschen an ihren Flanken hinunter; die Wunden, die sie hinterlassen, werden alsbald verweht, überpudert, verwischt: Wenn die Sonne am Morgen ihr Licht über das Vlei gießt, beleuchtet sie eine Landschaft wie am ersten Schöpfungstag, und frühe Besucher finden nur Spuren jener nachtaktiven Wesen vor, die das Dünenmeer bei Dunkelheit bevölkern.

Nebel über der Wüste

Die meisten Lebewesen und Pflanzen der Namib haben keinen Zugang zu den unterirdisch laufenden Trockenflüssen. Sie müssen ihren Feuchtigkeitsbedarf anders sättigen und auch lange Trockenperioden überstehen können – vor allem die Flora bedient sich dabei vielerlei Tricks: Der Talerstrauch etwa wendet die Ränder seiner Blätter der Sonne zu und verhindert so, dass zu viel Feuchtigkeit verdunstet; die gleiche Funktion erfüllt bei der Buschmannkerze das in der Rinde gelagerte Harz. Viele Namib-Pflanzen halten auch »Trockenschlaf« und blühen nur auf, wenn gelegentlich etwas Regen fällt. Dann schmücken sich Flechten mit bunten Köpfchen und das Südwester Edelweiß zeigt seine charakteristischen Blüten. Andere wiederum nutzen die Feuchtigkeit, die der nachts von der Küste einfallende Nebel bringt. Er entsteht durch die extremen Temperaturunterschiede zwischen der tagsüber aufgeheizten Wüste und der kalten Luft über dem Atlantik, der hier durch den Benguelastrom besonders eisig ist. Bis zu 20 Kilometer ziehen die Nebelschwaden ins Land und geben Feuchtigkeit ab. Der Tenebrio-Käfer, Tok-Tokkie genannt, stellt sich dann auf den Kopf und lässt die Nebeltröpfchen an seinem Panzer entlang direkt ins Mäulchen fließen; oder er betätigt sich als Baumeister und zieht Wassergräben im rechten Winkel zur »Nebelströmung«, an denen sich Tropfen absetzen. Die Zwergpuffotter legt sich dem Nebel in den Weg und leckt das Wasser von ihrem Körper ab. Und Pflanzen wie die berühmte *Welwitschia mirabilis* leben davon, dass das Kondenswasser von ihren vielfach verschlungenen Blättern auf den Boden tropft und in der Erde versickert, wo das knapp

1 *Sandboarden ist eine der angesagtesten Freizeitbeschäftigungen in der Wüste.* – 2 *Die Jugendlichen von Walvis Bay sind kreativ – es muss nicht immer das Snowboard sein.* – 3 *Den Thrill der Geschwindigkeit kann man besonders gut auf einem Quad-Bike in der Wüste verspüren.* – 4 *Die Düne 45 ist neben »Big Daddy« und »Big Mama« eine der bekanntesten Dünen im Sossusvlei.* – 5 *Die Dünen lassen sich nur über den Kamm besteigen.*

4

5

1

2

3

4

unter der Oberfläche verzweigte Wurzelwerk alles aufnimmt. Die Welwitschia ist im Übrigen das beste Beispiel dafür, dass Genügsamkeit hohes Alter garantiert: Das unweit von Swakopmund am »Welwitschia-Trail« wachsende Riesen-Exemplar ist angeblich 1500 Jahre alt, und es mag durchaus noch ältere Vertreter geben.

Flanieren in Swakopmund

Mit Nebel ist entlang der Atlantikküste häufig zu rechnen, aber bis neun Uhr morgens löst er sich meist auf und macht Platz für einen tiefblauen Himmel. Uralte Araukarien recken ihre Kronen windschief den Wattebauschwolken entgegen, darunter füllen sich die seltsam breiten Straßen von Swakopmund langsam mit Autos und Fußgängern. In der Kolonialstadt am Atlantik läuft alles etwas gemächlicher, vor neun und nach sechs ist im Zentrum nichts los. Auch tagsüber kann man sich des Gefühls nicht erwehren, in eine überdimensionale Puppenstube, eine Art namibisches Disneyland geraten zu sein, in dem die Passanten nur Staffage sind.

Das liegt vor allem an der Architektur: Hier ein paar niedliche Butzenscheiben, dort etwas Fachwerk, links neobarocke Prahlerei, rechts verspielte Art-déco-Eleganz. Dazwischen Flachbauten, voll gestopft mit Curio-Shops und Supermärkten wie Woermann&Brock, Nachfolger der Woermannschen Reederei und heute namibische Kaufhauskönige. Zwischen den Straßen, die immer noch Kaiser Wilhelm Street oder Lazarett Street heißen, führen postmoderne Einkaufspassagen zu noch mehr Souvenirläden und Kneipen wie dem »Deutschen Brauhaus«: Swakopmund gleicht auf den ersten Blick einer Theaterbühne, auf der das Stück »Namibia anno dazumal« gegeben wird.

Tatsächlich war diese etwas unglückliche Stadtgründung letztendlich sehr erfolgreich. Als die Deutschen 1892 die Stelle zum Standort des neuen Hafens bestimmten (Lüderitzbucht lag zu weit ab vom Zentrum des Geschehens), war schon klar, dass sich die zu flache Bucht nicht als Anlegestelle eignete. Zunächst löste die Reederei Woermann das Problem, indem sie in Liberia Arbeiter anheuerte, die mit der Atlantikbrandung vertraut, waghalsig und kräftig genug waren, die Schiffe aus Deutschland auf hoher See zu entladen und Fracht und Passagiere mit Brandungsbooten an Land zu bringen. Das war aber auf Dauer doch zu unbequem und kostete so manches Leben, weshalb eine erste Mole gebaut wurde. Sie erwies sich bald als zu kurz, denn der Swakop, der hier ins Meer mündet, schaufelte beständig Erde und Sand in die Bucht und füllte sie auf. Die Mole, liebevoll »Jetty« getauft, wurde auf stolze 375 Meter verlängert, doch es nützte alles nichts: Die schnell und hübsch gewachsene Siedlung Swakopmund taugte nicht zum Hafen. Dennoch blieben ihr die Deutschen treu. Wenn es im Sommer im Hochland drückend heiß wurde, flohen sie ins kühle

1 *In Swakopmund findet man noch Stücke aus der Kaiser Wilhelm Zeit.* – 2 *Die Stadt war wichtigster Hafen für Einwanderer aus Deutschland.* – 3 *Im Juli 2009 änderte die Stadtverwaltung nach über 110 Jahren das Wappen und ersetzte die im Herzschild gezeigte schwarz-weiß-rote deutsche Reichsflagge durch das Wappen Namibias.* – 4 bis 6 *Ansonsten pflegen die Stadtbewohner die Tradition der Vorväter intensiv.Auch die Häuser im Jugendstil und die Straßennamen erinnern noch an die Deutschen.* – 7 *Der Sundowner ist aber echt afrikanisch.*

»Ostseeklima« von Swakopmund, flanierten entlang der Uferpromenade, aßen im »Café Treff« Schwarzwälder Kirschtorte und nahmen bei »Kücki's« ihren Schlummertrunk.
Im Prinzip hat sich das bis heute kaum geändert: Swakopmund ist ein Touristenmagnet, die Wirtschaft fast ausschließlich auf die zahlenden Gäste aus dem Hochland, dem benachbarten Südafrika und »Übersee« ausgerichtet. Im Zentrum wird viel renoviert und investiert, um die Stadt attraktiver zu machen. Wo sonst könnten Jugendliche in einer im Original erhaltenen

Kaserne der deutschen Schutztruppe übernachten? Wo sonst könnte man sich – mit gut gefülltem Geldbeutel – in einem alten Jugendstilbahnhof zur Ruhe legen?
Doch wie die meisten Siedlungen im südlichen Afrika trägt auch Swakopmund die Male der Apartheid, auch wenn die Townships Tamariskia und Mondesa gut vor dem touristischen Auge verborgen werden: Nur an den Kolonnen schwarzer Namibier, die morgens und abends entlang der Ausfallstraßen scheinbar ziellos gen Wüste wandern, merkt der Ortsunkundige, dass die koloniale Kulisse eine ganz und gar unromantische Realität verbirgt.
Auch Walvis Bay, 30 Kilometer südlicher, hat Townships, aber im Gegensatz zu Swakopmund wirkt es viel offener und multikultureller. Der große Hafen, die Salzwerke – sie schaffen Arbeitsplätze und Einkommen, und mit wachsendem Wohlstand verschwimmen auch die heute in erster Linie sozial definierten Grenzen zwischen Schwarz und Weiß. Die Siedlung an der »Walfischbucht« ist Namibias jüngste Stadt: Erst 1994 wurde die erst von England, dann von Südafrika beanspruchte Enklave an der Küste dem jungen unabhängigen Staat zurückgegeben. Damit machte Namibia einen Riesensprung in puncto wirtschaftlicher Selbstständigkeit: Endlich konnte es den Warenverkehr eigenständig und souverän organisieren, und Walvis Bay wurde zu einem wichtigen Anlaufpunkt für die benachbarten Binnenländer Botswana und Zimbabwe, deren Anbindung an den Hafen durch den Ausbau des Trans-Kalahari- sowie des Trans-Caprivi-Highway forciert wurde.
Walvis Bay mit seinem geradlinigen Straßenraster und den niedrigen, modernen Häusern ist nicht besonders reizvoll. Wer hierher kommt, will wohl nur einen Blick auf die Lagune werfen, in der Flamingos gründeln und Pelikane um Fische rangeln. Vielleicht mietet er ein Quad-Bike und düst damit in den Sanddünen herum, vielleicht isst er ein paar Austern in einem der zahlreichen Restaurants. Dann aber kehrt er Walvis Bay schnell den Rücken und eilt zurück ins schnuckelige Swakopmund.

Schiffswracks und Gebeine

Mile 14, Wlotzkasbaken, Jakkalsputz, Mile 108, Torra Bay – imaginäre Punkte an einer Küste, die sich über 1000 Kilometer von Swakopmund gen Norden bis zur Grenze nach Angola hinaufzieht.
Es sind einsame Vorposten, eingeklemmt zwischen Atlantik und Namib-Wüste, bestehend aus einigen Häusern und einem Campingplatz, einer Tankstelle oder einem versandeten Ortsschild. Hierher kommen Namibias Angler, um in den fischreichsten Gewässern des südlichen Afrika ihre Leinen auszuwerfen und sie mit Steinbrassen, Kabeljaus, ja manchmal sogar mit Haien wieder einzuholen. Und weil es hier so viel Nahrung gibt, kommen auch die Kapschen Pelzrobben an den Küstenstrich, vor allem aber an das Kreuzkap, an dem zeitweise über 100 000 der putzigen – und bestialisch stinkenden – Pelztierchen hausen.
Historisch ging der Ort, den die Robben zu ihrem Lieblingsdomizil erwählt haben, bereits Ende des 15. Jahrhunderts in die

1 *Angepasst an das Überleben in der Wüste: Bis zu 2000 Jahre alt werden die raren Exemplare der Welwitschia mirabilis.* – 2 *Die Spitzkuppe überragt ihre Umgebung um 700 Meter.* – 3 *Wer Robben sehen will, muss nur nach Cape Cross kommen; hier lebt die größte Kolonie der Südwestküste.*

2

3

1

Annalen ein. Der erste der von Portugal zur Afrika-Umrundung geschickten Seefahrer, Diogo Cão, landete hier 1486, errichtete in bester portugiesischer Tradition ein *padrão*, ein Steinkreuz, und kehrte zurück in die Heimat, ohne die Südspitze des Kontinents erreicht zu haben. Nahrung und Wasser gingen zur Neige und in der kargen Landschaft bestand keine Hoffnung, die Vorräte erneuern zu können. Erst Landsmann Bartolomeu Diaz war zwei Jahre später Erfolg beschieden.
Dass sie an einem so bedeutenden Ort leben, kümmert die Robben nicht. Sie heulen, quieken, watscheln, schmusen, führen auf den Felsen Rangkämpfe aus, bringen Babys zur Welt oder dösen vor sich hin. Die Jungen werfen sich ständig übermütig ins Wasser, weithin ist das Meer bevölkert von Robben und eine Klangwolke vielartigster Geräusche schwebt über allem. Gelegentlich legt sich allerdings ein Schatten über das Idyll. Dann werden die Zugangstore geschlossen, und Arbeiter der Nationalparkverwaltung machen sich fertig für die »Ernte«. Wie die Tiere zu Tode kommen, die jedes Jahr für das Culling freigegeben werden, sollen die Besucher nicht sehen.
Wegen der gefährlichen Strömungen und der trügerischen Nebelbänke gilt die Küstenlinie als besonders gefährlich. Am eindringlichsten ist älteren Namibiern wohl das Jahr 1942 in Erinnerung, als eine Verkettung unglücklicher Umstände beinahe in einer Katastrophe mündete: Damals strandete Ende November der Dampfer »Dunedin Star« mit etwas mehr als hundert Passagieren. Die Hälfte von ihnen rettete sich an Land, bevor das einzige Motorboot den Geist aufgab.
Nur wenige Kilometer entfernt passierte gleichzeitig eine ähnliche Tragödie: Die »Sir Charles Elliot« lief auf Grund, von der Besatzung erreichten alle bis auf einen das Land und waren nun in der gleichen Lage wie die Passagiere der »Dunedin Star«. In einer ersten Hilfsaktion wurden Essen, Decken und Wasser für die Gestrandeten herbeigeflogen, beim Rückflug sollten zumindest Frauen und Kinder mitgenommen werden – doch das Flugzeug blieb im Sand stecken, und vier weitere Menschen waren zu versorgen. Derweil arbeitete sich eine Rettungsexpedition mühevoll über Land durch die Wüste, blieb jedoch zwei Wochen nach dem Unglück nur noch 4 Kilometer von den Schiffbrüchigen entfernt stecken. Erst mit einer zweiten Truppe, die einen anderen Weg genommen hatte, erreichte man die Menschen. Am 24. Dezember trafen alle in Windhoek ein.
Die Gerippe dieser und vieler weiterer Schiffe säumen die seit 1967 unter Naturschutz stehende »Skelettküste« und im nördlich daran angrenzenden Konzessionsgebiet. Wer früher hier strandete und keine Hilfe erhielt, war verloren: Es gab kein Wasser, und der Sperrriegel der Dünen war für Fußgänger kaum zu überwinden. Zudem trieben (und treiben) sich Hyänen, Schakale und auch gelegentlich Löwen an der Küste herum, und so blieb Schiffbrüchigen nur die schreckliche Wahl zwischen Verdursten und Gefressenwerden. Heute wird die Küstenlinie ihrem Namen zum Glück nicht mehr gerecht: Vor allem der

Norden des Nationalparks und das Konzessionsgebiet sind von atemberaubender Schönheit. Bis dicht ans Meer schieben sich die hohen Gürtel aus sichelförmigen Barchanen und Längsdünen. Wunderliche Erosionsgebilde aus Lehm gaukeln im Trockenbett des Hoarusib mittelalterliche Burganlagen vor. Und wenn der Wind über die Sandberge streicht, ertönt ein unheimliches Grollen – ausgelöst durch das Reiben der Sandkörner aufeinander.

1 *Die letzten Reste eines Walskeletts.* – 2 *Hier strandeten viele Schiffe und starben viele Seeleute – die Skelettküste trägt ihren Namen zu Recht. Das Wrack der Winston.*

1

1 *Trendsport Sandboarding – In kurzen Hosen trauen sich aber nur die Geübten auf's Brett.* – 2 *Blick über das Moon Valley. Hier kann man auf den Spuren der Welwitschia, der wohl bekanntesten Pflanze Namibias, wandern. Entsprechende Tafeln erklären Pflanzen, Geschichte oder Geologie.* – 3 *Sogar die zähen Akazien sterben, wenn das Wasser ausbleibt: Baumskelette am Dead Vlei.* – 4 *Seltene Wasser des Tsauchab und nächtliche Feuchtigkeit reichen den Akazien zum Überleben.*

Das Symbol für Ausdauer und Anpassung ist die elegante Oryx-Antilope, der namibianische Gemsbock. Man begegnet ihm überall, sogar in den Sanddünen des Sossusvlei.

Nachfolgende Doppelseite
1 *Die Population der Wild- oder Wüstenpferde beträgt heutzutage etwa 300 Tiere.* – 2 *Im Gegensatz zur Namib regnet es in den Naukluftbergen mit bis zu 1965 Meter hohen Bergspitzen relativ häufig, wodurch die Vegetation das ganze Jahr über üppig gedeiht.* – 3 *Unendliche Weiten – Der Namib-Naukluft-Park erstreckt sich im Norden bis zur Skelettküste und im Süden bis zum Diamantensperrgebiet.* – 4 *Das private Namib Rand Nature Reserve begrenzt den Park im Osten.*

1

2

3

4

Windhoek und das Land der Herero

Die Geschichte Windhoeks beginnt ebenso wie jene von Lüderitz mit einem schnöden Betrug: Es lag durchaus im Interesse der Kolonisatoren, wenn Uneinigkeit herrschte zwischen den Völkern im besetzten Land. Und in der verklausulierten Sprache der Diplomatie hatte man den Herero nicht wirklich etwas versprochen …

Die Christuskirche in Windhoek gilt als Wahrzeichen der Stadt. Der 24 Meter hohe Kirchturm besteht wie der Rest der Kirche aus Quarzsandstein.

Koloniale Denkmalspflege

Windhoek – Post Street Mall – Okahandja – Waterberg – Omaheke – Kalahari

Major Curt von François, der Kommandeur der deutschen Schutztruppe, ließ im Oktober 1890 die von den Herero beanspruchten Orte Groß- und Klein-Windhoek besetzen. Diesem Ereignis vorangegangen waren Verhandlungen des Reichskommissars Dr. Goering mit dem Herero-Führer Maharero, der für die deutsche Unterstützung in den Auseinandersetzungen mit den Nama unter Hendrik Witbooi das Recht abtrat, in Windhoek zu siedeln. Erst zu spät bemerkte Maharero, dass der von ihm verehrte Dr. Goering überhaupt nicht daran dachte, seine Soldaten gegen die Nama zu schicken – ein Betrug, der sich vortrefflich hinter dem Deckmäntelchen eines so genannten »Missverständnisses« verbergen ließ. Alte Leiterwagen stehen auf der Veranda der »Alten Feste«, die mit ihren blendend weiß getünchten Mauern, beschattet von Makalani-Palmen, die Silhouette der namibischen Hauptstadt dominiert. Zur Sicherung Windhoeks, nach Plänen von Curt von François errichtet, war die Festung mit ihren martialischen Wachtürmen und Zinnen nie in kriegerische Handlungen verwickelt, denn trotz der umstrittenen Eigentumsverhältnisse im Tal von »Winterhoek« – das ursprünglich den Witbooi-Nama, später dann den Herero gehörte – gestaltete sich das Leben hier im Hochland recht friedlich. Die Kämpfe und Schlachten gegen Aufständische wurden an anderen Orten geschlagen. Unter südafrikanischer Ägide entstand in der Feste ein Museum, das die Kolonisierung Namibias und das Leben der Siedler dokumentiert, nach der Unabhängigkeit kam eine Ausstellung über die von der UNO überwachten ersten freien Wahlen dazu – und nun ebendieses afrikanische Restaurant, in dem es Millepap, Fufu und Couscous gibt und beschwingter Angola-Jazz aus den Boxen knallt: Der Südwester Reiter, einige hundert Meter von der Feste entfernt, würde sich auf seinem Sockel wegdrehen, wenn er nur könnte. So aber sitzt er stolz erhobenen Hauptes auf seinem Ross, den »Südwester-Hut« wie ein verwegener Cowboy auf dem Kopf, und reitet in den Abendhimmel: Seit der Unabhängigkeit entbrannte um das Denkmal, das den im Jahr 1749 in Südwestafrika gefallenen Deutschen gewidmet ist, mehrmals heftiger Streit. »Welche Berechtigung besitzt dieses Symbol des Kolonialismus in einem modernen, schwarzen Namibia«, polemisieren die einen und würden den »Reiter« am liebsten von seinem Natursteinsockel stürzen. »Warum sollte an die Leistungen der Deutschen in Südwestafrika nicht erinnert, ihrer Toten nicht gedacht werden«, trotzen die anderen und legen Blumen und Kränze nieder. Was wohl die Schulkinder aus dem nahen Gymnasium denken, die unbefangen am Denkmal lehnend ihr Pausenbrot essen und im Schatten des martialischen Gesellen Vokabeln büffeln? Nun, für sie stellt sich die Frage nach Vergangenem kaum, sie streben sehr energisch in die Zukunft und betrachten den Reiter ebenso distanziert wie die Helden des Befreiungskampfes, deren Namen Windhoeks Straßen zieren.

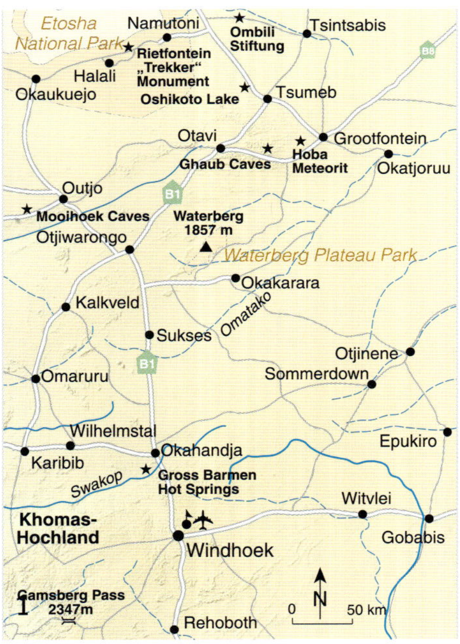

1 Der »Südwester Reiter« in Windhoek erinnert an die Kolonialkriege des Deutschen Kaiserreichs von 1903 bis 1907 in Deutsch-Südwestafrika. Das Denkmal war schon mehrfach Auslöser kontroverser Diskussionen.

1

1

2

In der Post Street Mall

Was die Jugend Namibias bewegt? Nicht viel anderes als die in anderen Großstädten: die neuesten Modetrends, die Clips auf MTV; die Frage, woher das Geld kommen soll für die Statussymbole; die Angst, keinen Job zu ergattern – wer in der Post Street Mall, im Wernhill Park oder im Maerua Center perfekt mit Afro-Löckchen gestylt und mit bimmelndem Handy bewaffnet auf und ab promeniert, hat es geschafft; oder er tut zumindest so.

In den Einkaufszentren und Fußgängerzonen von Windhoek begegnet dem Fremden ein ganz anderes Namibia als auf dem Land: Im wahrsten Sinne multikulturell, unverkrampft, offen und sehr lebhaft vermengen sich in der Hauptstadt die Pole, die man auf Farmen oder in den ärmlichen Siedlungen im Nirgendwo als unverrückbare Gegensätze empfindet. Menschen aller nur erdenklichen Hautschattierungen lassen sich hier nicht mehr in Schwarz und Weiß unterteilen – sie sind Namibier. Anstelle der alten, durch Rassenideologien entstandenen Grenzen tritt heute allerdings die Kluft zwischen Arm und Reich, und die wird angesichts der vielen Landflüchtigen, die nach Windhoek strömen, immer tiefer.

Damit steigt auch die Kriminalität: Überfälle, Vergewaltigungen und Diebstähle sind die dunkle Kehrseite der vielen positiven Entwicklungen seit der Unabhängigkeit. Diese Delikte spielen sich zum großen Teil dort ab, wo ohnehin die Ärmsten leben, werden aber natürlich am lautesten von jenen beklagt, die ihre luxuriösen Anwesen mit komplexen Sicherheitssystemen abgeschirmt haben.

Die Polizei jedenfalls scheint recht machtlos angesichts der steigenden Gewaltbereitschaft in den Townships zu sein. Gerechterweise sollte man allerdings anmerken, dass die Kriminalitätsrate unter südafrikanischer Ägide aufgrund perfekter Repression gegen null tendierte. Die Steigerung von diesem Nullpunkt ist enorm; verglichen mit anderen Ländern sind die Prozentzahlen in Namibia aber doch immer noch sehr gering.

In der Post Street Mall, der Vorzeige-Fußgängerzone zwischen der Independence Avenue und dem Einkaufszentrum Wernhill Park, ist die namibische Welt ganz in postmoderne Pastellfarben getaucht und scheinbar noch in Ordnung. Den ganzen Tag lang drängen Farmer und Geschäftsleute, Angestellte und Schulmädchen, traditionell gekleidete Herero-Damen und Mädels in bauchfreien Tops und Baggy Pants an den modernen Verwaltungsgebäuden in Rosé, Apricot und Babyblau vorbei, bleiben hier und dort stehen, um mit Freunden kurz zu plaudern oder an den Straßenständen ein hölzernes Zebra zu begutachten. Die Touristen betasten vorsichtig den Meteoritenbrunnen, auf dessen staksigem Metallgeäst Brocken eines in Südnamibia niedergegangenen Meteoritenregens aufgespießt sind, oder kehren in einem der vielen Restaurants

3

4

5

1 *Die Alte Feste (1890) im Zentrum Windhoeks sollte ursprünglich den Frieden zwischen den sich bekämpfenden Nama und Herero sichern und ist das älteste Gebäude Windhoeks.* – 2 *Die Heinitzburg errichtete der Berliner Architekt Wilhelm Sander neben der Schwerinsburg und der Sandsburg als eine von drei Stadtburgen. Sie beherbergt heute ein Hotel.* – 3 *Windhoek – modern und trendy.* – 4 *In Windhoek lässt sich nach europäischem Maßstab Einkaufen und Essen.* – 5 *In vielen Restaurants und Shops spricht man Deutsch.*

oder Cafés ein. Wer auf sich hält, besucht natürlich das Gourmet-Restaurant in der »Kaiserkrone«, das seine Gäste seit Jahrzehnten mit urdeutscher Küche und seit einiger Zeit zudem mit Pizza und Pasta verwöhnt – auch Windhoek gibt sich gerne kosmopolitisch. Doch sobald die Läden um 17 Uhr schließen – in puncto Öffnungszeiten sind die namibischen Geschäftsleute sehr konservativ – leert sich

nicht nur die Post Street Mall, sondern verwaisen auch die anderen Einkaufsstraßen; die Menschen strömen in die Außenbezirke zu ihren Villen, Eigentumswohnungen und Zwei-Raum-Flats, und Windhoeks Zentrum bleibt als unheimliche Geisterstadt zurück. Aber wer muss auch nachts durch die Independence Avenue bummeln? Die Fachwerkfassade des Gathemann-Hauses kommt tagsüber viel schöner zur Geltung, und über der grünen Oase des Zoo-Parks lugen die braunrote Fassade und der Spitzturm der Christuskirche in den Himmel: Und dieser Himmel ist fast immer so knallig blau und hängt so tief, dass man meint, mit der ausgestreckten Hand die Wölkchen kraulen zu können, die von einem meist sanften, im Winter gelegentlich bitter eisigen Wind über die blaue Weite gepustet werden.

Im April, wenn Windhoeks Wappenblume, die Bergaloe, ihr Blütenkleid aufsetzt, strahlt ihr intensives Orange aus allen Grünanlagen, Hängen und Mäuerchen und natürlich auch vom Garten der Heinitzburg, die wiederum ein bisschen à la Disney dem Stadtbild ihre romantische Krone aufsetzt. Ihrer Caféterrasse liegt das 1800 Meter hoch gelegene Windhoek zu Füßen, in der Ferne schimmern die blauen Gipfel der Khomas-Berge, und der Wunsch, hinauszufahren in dieses weite, ruhige Land, verdrängt alles andere, was die Stadt an Annehmlichkeiten zu bieten hat.

Wo die Ahnen ruhen

Ganz anders als die Nama, mit denen sie beständig Kriege führten, haben die Herero überhaupt keine Angst vor Geistern, zumindest nicht, solange es sich um die Geister ihrer Ahnen handelt. Ganz im Gegenteil, die Vorfahren werden hoch verehrt, und wenn einer der Ahnen durch das Fehlverhalten seiner Nachkommen die Verbindung zu ihnen kappt, ist dies eine Katastrophe. Die schützende Hand der Ahnen behütet die Familie, das Vieh, die Gemeinschaft, und dieses Wohlwollen zu erhalten, ist das höchste Ziel der Kulte, die noch heute praktiziert werden, obwohl die Herero zumindest nominell Christen sind.

Diese Verbundenheit mit den Vorfahren, vor allem aber mit ihren größten Chiefs, feiern die Herero aus allen Landesteilen Namibias am letzten Sonntag im August in dem Farmerstädtchen Okahandja. Die Aufregung über dieses zentrale Ereignis ist bereits im Vorfeld immens – die traditionellen, viktorianischer Missionarsfrauentracht nachempfundenen Kostüme müssen ausgebessert und mit Schleifen, Bändern und Spitzen herausstaffiert werden; die Männer polieren ihre Stiefel auf Hochglanz, spicken alte Uniformjacken mit imaginären und richtigen Orden und fügen dem militärischen Outfit die eine oder andere modische Eigenwilligkeit hinzu. Vor allem aber wird Tag und Nacht exerziert, denn der »Ahnengedenktag« ist eine Feier, bei dem sich die Herero in strengem militärischen Drill und Paraden präsentieren, wie es die deutsche Schutztruppe und später das südafrikanische Militär auch nicht besser gekonnt hätten. Bedenkt man, welche erschütternde und nachhaltige Niederlage die Herero bei der Schlacht am Waterberg gegen einen zum Letzten entschlossenen und gnadenlosen General von Trotha erlebt haben, ist der Hang der Männer, ihren siegreichen Gegner zu imitieren, nicht zu verstehen. Aber

1 *Nicht nur die Menschen und Gebäude sind multikulturell, sondern auch die Speisen.*
2 *Das Reiterstandbild, das bekannteste deutsche Kolonialdenkmal des Landes, wurde erst 2009 direkt vor der Alten Feste platziert.* – 3 *Die Post Street Mall ist eine Fußgängerzone, mit vielen Einkaufsmöglichkeiten.*

2

3

1

2

offensichtlich haben die gedemütigten, ihrer Familien und Freunde beraubten Krieger gerade in dem martialisch-militärischen Auftreten ihrer Gegner ein identitätsstiftendes Moment gefunden.
Lange Zeit übten sie dieses Exerzieren heimlich in Verbänden, die wie Geheimgesellschaften strukturiert waren. Diese Gruppierungen, deren Anführer sich »Kaiser« nennen ließen, erweckten natürlich das Misstrauen der deutschen Kolonialverwaltung. Nachdem deren Mitglieder aber offensichtlich keine Waffen besaßen und mit Holzgewehren hantierten, ließ man sie lächelnd gewähren. Innerhalb der Herero-Gesellschaft gewannen diese Gruppen allerdings an politischem und rituellem Einfluss; ja, sie bildeten so etwas wie ein Gegengewicht zu den traditionellen Führungsstrukturen, und mit der Zeit gelang es ihnen auch, sich richtig zu bewaffnen. Unter südafrikanischer Verwaltung bestanden große Spannungen zwischen den »Kaisern« und den gewählten beziehungsweise von der Administration eingesetzten Herero-Chiefs – die Buren unterstellten den Otjiserandu sogar, mit den Nazis zu paktieren. Erst seit Ende des Zweiten Weltkriegs ist dieser Antagonismus in der Herero-Gesellschaft aufgehoben, und der augenblickliche, von den Ältesten gewählte Herero-Chief nimmt auch die rituellen Handlungen während des Ahnengedenktages vor. Die für den Chief anstrengendste besteht sicherlich darin, die vielen tausend Menschen, die zu diesem Fest nach Okahandja kommen, rituell zu reinigen. Dazu nimmt er einen Schluck Wasser in den Mund und spuckt dies in feinem Sprühregen über den oder die vor ihm Kniende/n. Die Reinigung beginnt bereits am Vortag des eigentlichen Festes: Geduldig stehen die Menschen stundenlang in der Sonne auf dem Platz vor der »Location«, dem Herero-Township von Okahandja, und ebenso geduldig spuckt der Chief. Es dauert allerdings nicht lange, dann wird die Zeremonie vereinfacht und gruppenweise abgehalten – ein Vorgehen, das sicherlich auch die Zustimmung der derart Geläuterten findet, denn so trifft sie meist nur ein symbolischer Schauer.
Der Höhepunkt der Feiern ist aber weder die Reinigung noch sind es die Paraden der Infanterie und Kavallerie oder der in ihren jeweiligen Nationenfarben gekleideten Frauen – Höhepunkt ist der Besuch der Herero-Führer bei ihren Ahnen, den Gräbern der Maharero-Chiefs, deren Namen mit der Katastrophe am Waterberg verbunden sind und jenen von Hosea Kutako und Clemens Kapuuo, Herero-Führer in der Zeit der Apartheid. Neben diesen beiden liegt übrigens das Grab von Jonker Afrikaaner, der den Herero so viele Niederlagen beigebracht hatte.
Hosea Kutako hatte verfügt, dass er neben dem Erzfeind der Herero beigesetzt werden sollte – als Symbol für eine neue Epoche, in der Namibias Völker nicht mehr gegeneinander, sondern gegen die weiße Dominanz kämpften. Ein wahres Meer von Farben wogt um die schlichten Friedhöfe in der Kerk Street: rot-schwarz gekleidet sind die Frauen der um Okahandja beheimateten Maharero-Nation und weißschwarz die Zeraoua aus Omaruru, grünweiß-schwarz sind die Mbanderu aus Gobabis. In engen Miedern, weiten, in mehreren Schichten übereinander gezogenen bodenlangen Röcken sowie den eigenartigen Witwe-Bolte-Hauben sehen die Frauen aus wie eine Armee energischer Nannys – man kann kaum verstehen, dass diese von den Missionarsfrauen verordnete und bei Hitze völlig ungeeignete Tracht sich durchsetzen und so lange

1 *Das Hotel Bougain Villa ist ein stilvoll restauriertes deutsches Herrenhaus.* – 2 *Joe's Beerhouse ist schon lange kein Geheimtipp mehr, aber unbedingt einen Besuch wert. Man erhält dort sowohl afrikanische als auch internationale Speisen.* – 3 *Das Bier wird hier vielerorts nach deutschem Reinheitsgebot gebraut.*

1

2

3

erhalten bleiben konnte. Vor den Gräbern der legendären Anführer werfen sich die Herero-Chiefs auf die Knie, Priester sprechen Gebete am heiligen Feuer, Sinnbild der Ahnenverehrung, und zum Abschluss werden Reden gehalten. Ein stets wiederkehrendes Thema ist dabei die Forderung an die deutsche Bundesregierung, Wiedergutmachung zu leisten für die materiellen Verluste und die Toten der Kolonialzeit, besonders aber der »Schlacht am Waterberg«. Deutschland hingegen will alle Namibier unterstützen und lehnt Einzelzahlungen ab.

An den Quellen der Omaheke

Nähert man sich dem Waterberg nun von Norden, von Etosha kommend, oder von Süden – stets wirkt die Silhouette dieses lang gestreckten Felsklotzes in der kargen, staubtrockenen Ebene wie eine Verheißung auf etwas Ungewöhnliches, eine Fata Morgana. Der 200 Meter hohe und 48 Kilometer lange, von Südwest nach Nordost verlaufende »Große Waterberg« bildet tatsächlich eine Klima-Nische in der Halbwüste zwischen Otjiwarongo und Otavi, denn sein poröses Gestein schluckt und speichert den Regen und entlässt ihn am Fuß des Berges als Quellen ins Freie. Deshalb gleicht die Region um den Waterberg und dessen Plateau einer wahren Oase, in der Pflanzen und Tiere beheimatet sind, die man sonst weiter nördlich im Kavango und Caprivi findet. Drumherum allerdings ist Wüste, Omaheke, wie die Herero diese Landschaft mit ihren sandigen, von Dornbüschen besiedelten Böden nennen. Geologisch wird der Waterberg der Etjo-Sandsteinformation zugerechnet, und wie diese bewahrt auch der Waterberg Spuren von reptilienartigen Tieren, die Abdrücke ihrer dreiklauigen Füße im schlammigen Boden hinterlassen haben. Durch Ablagerungen wurden diese Abdrücke zugedeckt, sie versteinerten, und als die Erosion die darüber liegenden weichen Steinschichten abgetragen hatte, lagen die Abdrücke wieder frei: 200 Millionen Jahre nach ihrer Entstehung. Besonders schön und deutlich führen diese »Dino-Spuren« in der Nähe des Ortes Kalkfeld über die Felsplatten, aber auch auf dem Waterberg-Plateau treffen Wanderer immer wieder auf die Zeugnisse aus grauer Vorzeit, als dieser Teil Namibias nicht Halbwüste, sondern eine fruchtbare Wald- und Seenlandschaft war. Später bewohnten »Steinzeitmenschen« die Region und hinterließen eigenartige Ritzzeichnungen an den Felswänden. Schließlich diente der Berg auch als Wohnstatt der San und Damara. Mit der Ankunft der Herero wurde der Waterberg Weideland für die großen Viehherden; Chief Kambazembi, um dessen Leben die Herero zahlreiche Legenden woben, soll am Waterberg 40 000 Rinder auf die Weide gestellt haben.

1 *Alljährlich findet am letzten Wochenende im August in Okahandja der Hererotag statt.* 2 *Der Hererotag steht ganz im Zeichen des Gedenkens an die Schlacht am Waterberg im Jahr 1904.* – 3 *Die Trachtenvereine der Hererofrauen veranstalten jedes Jahr einen Umzug in ihren grünen und roten Gewändern.* – 4 *Damit der Spaß nicht zu kurz kommt, gibt es außerdem eine »Miss Herero«-Wahl.* – 5 *Männer im Stadtteil Katutura, welches erst im Zuge einer Zwangsumsiedlung entstanden ist.*

4

5

1

2

4

3

5

Dass die deutschen Siedler ein so fruchtbares und wasserreiches Gebiet den Herero nicht einfach überlassen würden, lag auf der Hand. Seit dem Jahr 1873 existierte eine Missionsstation am Waterberg, mehrere Farmer hatten sich auf einem Land niedergelassen, das sie den Herero abgehandelt hatten, und 1896 wurde ein Polizeiposten errichtet, der die Region im Auge behalten sollte. Unruhig war es am Waterberg immer wieder, denn auch hier kämpften die Herero gegen die Nama um die Vorherrschaft (und die Rinder des jeweils anderen). Was schließlich den Exodus und die Gewalttätigkeiten auslöste, die ab Anfang des Jahres 1904 unter den Herero losbrachen, war ein Gerücht, das sich wie ein Lauffeuer verbreitete: Die Deutschen, so flüsterte man sich zu, wollten alle Herero in ein Reservat stecken. Dagegen sollte man sich zur Wehr setzen, und als Herero mehrere Farmer und einen Missionar massakrierten, brach der Aufstand richtig los. Von Militär und Polizei gejagt, begann ein Zug von Herero aus allen Teilen des Landes an den Waterberg. Etwa 60 000 Menschen waren im Sommer 1904 schließlich hier versammelt und sahen fast apathisch zu, wie Lothar von Trotha sie mit seinen 4000 Mann einkesselte. Als am 11.8. Schussbefehl gegeben wurde, flohen die Menschen in panischer Angst, ließen ihr Hab und Gut, Alte, Kleinkinder und Verletzte zurück. Der einzige Weg, der den Herero offen stand, führte in die Omaheke nach Osten. Wie viele Menschen diese Flucht durch die wasserlose Wüste überlebt haben, wird wohl auf ewig ein Geheimnis bleiben. Sehr wahrscheinlich fanden zwischen 10 000 und 250 000 Menschen den Tod. Von Trotha kommentierte die »Schlacht« mit folgenden Worten: »Das Röcheln der Sterbenden und das Wutgeschrei des Wahnsinns … sie verhallten in der erhabenen Stille der Unendlichkeit … Die Herero hatten aufgehört, ein selbstständiger Volksstamm zu sein.«

Ein kleiner staubiger Friedhof mit schmiedeeisernen Kreuzen und die restaurierte Polizeistation sind am Waterberg die Erinnerungen an dieses grauenvolle Geschehen.

Seit den 1970er-Jahren steht der Berg unter Naturschutz, sodass weder Herero noch Weiße auf seinem Plateau Rinder züchten können. Stattdessen wurde hier Wild aus dem Caprivi umgesiedelt, das den Homelands der Caprivianer im Wege war. So kommt es, dass man im Waterberg-Nationalpark Tieren begegnen kann, die hunderte von Kilometern weiter nördlich heimisch sind: den eleganten Rappenantilopen, deren Bullen mit ihrem geschwungenen Gehörn und dem schwarzen, seidigen Bauchhaar eine wirklich imposante Erscheinung abgeben, oder gar den Kaffernbüffeln, deren Aggressivität mehr gefürchtet wird als die von Elefanten und Nashörnern. Auch Letztere, vor allem die leicht reizbaren Exemplare mit dem spitzen Maul, ziehen über die roten Sandböden des Waterberg-Plateaus, außerdem Giraffen, Warzenschweine, Geparde und

Leoparden – nur zu Gesicht bekommt man diese elitäre Gesellschaft kaum, denn die dichte Vegetation auf dem Plateau bietet hervorragende Deckung, und das Wild ist im Gegensatz zu den Bewohnern des Etosha-Nationalparks nicht daran gewöhnt, sich vor knipsenden Besuchern in Pose zu stellen.

Die Schlacht am Waterberg war gerade zwei Jahre her, als der Urgroßvater von

1 *Der markante Waterberg ist etwa 48 Kilometer lang und 15 Kilometer breit.* – 2 *Das Naturschutzgebiet »Waterberg Plateau« wurde einst zum Schutz der Elenantilope geschaffen.* – 3 *Etliche gefährdete Tierarten finden hier optimale Lebensbedingungen.*
4 *Die vielen Quellen rund um den Waterberg begünstigen die Vielfalt von Flora und Fauna.* – 5 *Schakale durchstreifen den Etosha-Nationalpark.* – 6 *Der Herero-Hut erinnert an Rinderhörner und an die Hauben der Missionarsschwestern zugleich.*

Farmer Joachim Rust im Jahr 1906 Grund am Waterberg erwarb und neben dem Farmhaus einen Bambushain pflanzte. Bambus ist eine Pflanze, die besonders viel Wasser braucht und deshalb in Namibia nicht unbedingt ideale Standortbedingungen findet, aber Urgroßvater Rust wollte damit wohl auch seiner Begeisterung darüber Ausdruck verleihen, dass die

1

Farm so ausgezeichnetes Wasser besaß. Heute, bald 100 Jahre und mehrere Besitzerwechsel später, ist der Bambushain zu einem richtigen Wald herangewachsen und die Urenkel sind auf den Besitz am Waterberg zurückgekehrt. Das Farmhaus duckt sich in den Schatten der roten Felswand, die das Plateau von allen Seiten einrahmt, im Swimmingpool plätschert kühles Quellwasser, im Garten gedeihen Salate und Küchenkräuter, und neben den hier obligatorischen Hunden und Katzen stolziert auch ein Strauß als halbzahmes Haustier über das Gelände. Um die Lage und das Wasser von »Waterberg Wilderness«, wie die Farm heute heißt, werden Rusts heftig beneidet, und auch der Farmer selbst kann sein Glück kaum fassen. Wenn er mit seinen Gästen aufs Plateau hinaufwandert, dann blickt er immer wieder stolz hinunter auf die grüne Oase, um die sich im Dunst verschwommen das graue Dornenwerk der Omaheke ausbreitet. Die meisten namibischen Farmer leben unter weitaus ungünstigeren Bedingungen: Das Land ist trocken und kann deshalb nur wenig Vieh ernähren: Etwa acht Hektar rechnet man pro Rind hier im vom Regen begünstigten Norden, bis zu 20 Hektar veranschlagen die Züchter im Süden. Entsprechend riesig sind die Ländereien, zumindest wenn man sie mit europäischen Maßstäben vergleicht: Eine Farm mit 20 000 Hektar Grund ist im Süden gerade mal groß genug, einen rentablen Betrieb zu ermöglichen – reich wird man davon nicht. Die Güter im Norden sind kleiner, mit durchschnittlich 5000 Hektar aber immer noch respektabel. Dass auf solchem Grund keine Millionäre, sondern Menschen sitzen, die mit Mühe ihr Auskommen finden, ist für uns kaum vorstellbar.

Gefährliche Katzen

Vor diesem Hintergrund ist die Wut der Farmer auf Raubkatzen vielleicht verständlich, denn Leoparden und Geparde schlagen wertvolles Kapital, wenn sie sich ein Kälbchen schnappen. Und da jede Art von Wild, das auf Privatgrund angetroffen wird, dem Eigentümer zusteht, haben die meisten Farmer in den vergangenen Jahrzehnten gnadenlos aufgeräumt. Besonders Geparde waren davon betroffen. Namibia mit Afrikas größter Gepardenpopulation lief Gefahr, die eleganten Sprinter auszurotten.

Mehrere von Tierschützern initiierte Projekte wurden in den 1990er-Jahren gegründet, um dieser Entwicklung Einhalt zu gebieten. Besonders lautstark vermarktete sich die AfriCat Foundation auf der Farm Okonjima, die zugleich als Lodge fungierte und ihre Gäste mit spektakulären Tierbegegnungen wie mit zahmen Löwen und Pavianen lockte. Auf Okonjima wurden von Farmern gefangene Geparde quasi zu Pawlow'schen Hunden dressiert und immer wieder schmerzhaft bestraft, wenn sie ein Nutztier angreifen wollten. Wieder ausgesetzt, kehrten die

1 *Der Friedhof am Waterberg erinnert an die vielen Toten während der Schlacht am Waterberg am 11. und 12. August 1904.* – 2 *Wer Geparde sehen möchte, sollte in der Grassavanne rund um den Waterberg die Augen offen halten.* – 3 *Am Kupferberg haben sich einige Rinderfarmen niedergelassen.* – 4 *Der Hoba ist der bisher größte auf der Erde gefundene Meteorit. Sein Gewicht schätzt man auf stattliche 50 bis 60 Tonnen.* – 5 *Felsformation am Waterberg.*

2

3

4

5

1

Tiere aber bald zu ihrer altbewährten Praxis zurück; denn es ist wesentlich einfacher, ein Rind zu schlagen als eine flinke Antilope.
Im Schatten Okonjimas, aber stets um Wissenschaftlichkeit bemüht, arbeitet der Cheetah Conservation Fund unweit des Waterberges. Von US-amerikanischen Geldgebern unterstützt, werden hier vor allem Verhalten, Wanderungen, Reviersicherung, Fortpflanzung et cetera der Geparde untersucht. So konnten die Cheetah-Forscher unter anderem feststellen, dass Farmer, die Geparde von ihrem Gelände vertreiben oder gar erschießen, die Situation für ihr Vieh keineswegs verbessern, denn das frei gewordene Revier wird sofort von mehreren Konkurrenten beansprucht. Besser ist es, einen Weg zu finden, mit den Geparden zu leben und so das wertvolle Vieh effektiver vor ihnen zu schützen.
Das Maisdreieck, ein karstiger Höhenzug zwischen Otavi, Tsumeb und Grootfontein nordöstlich des Waterbergs, liegt wie eine Insel inmitten der sandigen Böden der Kalahari. Da die hiesige Regenzeit meist gut ausfällt, hat sich die Region zu einem ansehnlichen Getreideproduzenten entwickelt, und wogende Weizenfelder oder goldgelbe Maispflanzen prägen die Landschaft. Die Berge sind voll mit Erzen wie Kupfer, Blei, Cadmium und Silber. Sie gelten als weltweit reichste, vielfältigste Erzlagerstätten und wurden bereits von San und Ovambo ausgebeutet.

Seit dem Jahr 1892 bauten Engländer mit deutschem Segen Kupfer bei Tsumeb ab, seit 1900 agierte hier die deutsche OTAVI Minen- und Eisenbahngesellschaft auf eigene Rechnung, und sieben Jahre später konnten die Erze in Tsumeb auch verhüttet werden. Per Eisenbahn wurden sie anschließend nach Swakopmund transportiert und auf die Schiffe verladen. Bis Mitte der 1990er-Jahre beschäftigten die Minen und die Hütte von Tsumeb und Kombat mehrere tausend Menschen. Tsumeb war der weltweit größte Bleiproduzent – und dann kam plötzlich das Aus.

Der Abbau war nicht mehr lukrativ, es fanden sich keine Investoren, die ersten 2000 Arbeiter wurden entlassen, die Minen schließlich geschlossen.
Besonders viele deutschstämmige Farmer haben sich in der Region um Tsumeb und Grootfontein niedergelassen, und einige vermieten Zimmer. Der Gästefarmbetrieb hat vielen Landwirten in schwierigen Perioden weitergeholfen, denn die Zahl der Touristen steigt kontinuierlich von Jahr zu Jahr. Für deutsche Gäste aus Übersee ist die Begegnung mit den ebenfalls deutschsprachigen, aber seit Generationen in Namibia lebenden Gastgebern eine durchaus spannende Lektion in Geschichte. Es ist kaum vorstellbar, mit welchem Einsatz um den Erhalt deutscher Sprache und Kultur über ein Jahrhundert hinweg gekämpft wurde. Die Einrichtung deutscher Schulen, die bis zum Abitur führen, das Vereinsleben in Karnevalsclubs und Kulturgesellschaften, die Pflege deutschen Liedguts und deutscher Küche – dies alles ist Teil einer inzwischen sehr eigenständigen Kultur. Besonders deutlich wird der Akkulturationsprozess in der Sprache. Sie ist zwar grammatikalisch korrekt und sehr gepflegt, die Lehnwörter darin werden als solche aber kaum noch wahrgenommen. Wie selbstverständlich spricht man hier zum Beispiel von pad, wenn man Straße meint, ruft lekker bei allem was schön und gut ist, fährt mit dem lorrie und nicht mit dem Kleinlaster ins veld und nicht in den Busch, nennt seine Ziege bokkie und die Rinder beester.

1 *Überragend: Trotz einer Höhe von bis zu 6 Meter haben Giraffen – wie fast alle Säugetiere – nur sieben Halswirbel.* – 2 *Ein groß gewachsener afrikanischer Büffelbulle kann bis zu 1000 Kilogramm schwer werden.* – 3 *Die weite, grasbewachsene Savanne ist der ideale Lebensraum für die schnellen Geparde. In Lodges und Camps kann man ihnen heute sehr nahe kommen.*

Die Stadt Windhoek ist das wichtigste wirtschaftliche Zentrum Namibias. In der Hauptstadt leben etwa 20% der Gesamtbevölkerung. Die Skyline umschmeichelt vom warmen Licht der Abendsonne. Die beiden Kirchtürme gehören zur katholischen Marienkathedrale.

Nachfolgende Doppelseite

1 *Zwei namibische Mädchen genießen den Nachmittag.* – 2 *Die in Namibia lebenden Herero verdienen ihren Lebensunterhalt größtenteils als Arbeiter auf großen Farmen oder in den Städten als Händler und Handwerker.* – 3 *Die grüne Tracht steht für die »Green Flags«, das sind die Gobabis- oder Ost-Hereros.* – 4 *Bei der Wahl der »Miss Herero«.*

1

2

3

4

Dieser Schnappschuss ist Gold wert – Leoparden sind ein rares und gesuchtes Motiv. Dieses Bild entstand bei einer Pirschfahrt um die Farm Düsternbrook. Sie zählt zu den ältesten Gästefarmen Namibias und feierte 2012 ihr 100-jähriges Bestehen.

Im Buschmannland

Die Region um das Städtchen Tsumkwe, nicht weit von der botswanischen Grenze gelegen, war unter südafrikanischer Ägide Homeland der San und wird bis heute salopp »Buschmannland« genannt. Dass sie sich hier eigentlich in einer Wüste befinden, wird Reisenden erst klar, wenn sie versuchen, auf den unbefestigten Pisten abseits der Hauptstraße ein Ziel zu erreichen. Ohne Geländewagen endet das Unternehmen unweigerlich im tiefen Sand der Kalahari.

Die Jagd der San erfolgt mit Wurfspeeren oder Pfeil und Bogen. Die San benetzen ihre Pfeile vorher oftmals mit dem Gift aus der Diamphidia-Larve.

Unterwegs ins tropische Afrika

Kalahari – Tsumkwe – Divundu – Caprivi – Mamili – Mudumu – Victoria Falls

Die Wüste umfängt das Hochland von Namibia mit seinen sandigen Böden, die wie mit dem Rechen gezogen durch nord-südlich verlaufende Dünen strukturiert sind.

Dass die nördliche Kalahari im Gegensatz zur Namib eine sehr grüne, gelegentlich überhaupt nicht als Wüste erkennbare Landschaft ist, verdankt sie der Verbindung mit dem in Botswana gelegenen Okavango-Delta. Wie Kanäle durchziehen sie parallel zu den Dünenrücken Trockenflussbetten, Omiramba genannt. Sie alle streben dem Binnendelta des Okavango-Flusses zu. Erreicht um den Südwinter herum die durch Regenfälle in Angola gespeiste Flut das Delta, fließt das Wasser des Okavango auch in den zahllosen Omiramba ins namibische Buschmannland. Umgekehrt laufen die Wasserströme, wenn es in Namibia im Südsommer regnet: Dann saugen die Omiramba das Wasser auf und leiten es unterirdisch in Richtung Okavango-Delta weiter. Der Untergrund fungiert also wie ein Schwamm und verteilt das Nass dorthin, wo es gerade benötigt wird. Deshalb können auf den sandigen Wüstenböden wahre Baumriesen gedeihen: Baobab, Dolfholz, Sambesi-Teak, Ahnenbaum und verschiedene Akazienarten erreichen Höhen von über zehn Metern.

Das Herz des kleinen Jägers

Einige tausend San von der Volksgruppe der Ju!/Hoansi – das Ausrufezeichen steht für einen der vier Klicklaute der Khoisan-Sprachen – leben noch in der Region Tsumkwe, betreut von amerikanischen Entwicklungshelfern der Nyae-Nyae-Foundation. In zunehmendem Maße leben sie nun auch vom Tourismus, denn Buschmannland und der Kaudom-Wildpark sind eine der letzten unberührten Ecken Namibias und werden deshalb immer häufiger von abenteuerlustigen Reisenden besucht.

Leider haben die meisten San von Tsumkwe, wie viele ihrer Leidensgenossen in Namibia und Botswana, ihre schlechten Erfahrungen mit der Zivilisation in Alkohol ertränkt und den Bezug zu den eigenen Wurzeln verloren. Gäbe es die Weißen nicht, die aus Idealismus oder aus romantischer Verklärung verbissen um den Erhalt dieser einzigartigen Kultur kämpfen, wären die letzten traditionell lebenden Wildbeuter Namibias längst in den Elendssiedlungen der Städte verschwunden. Vor allem Farmer, deren Familien seit Generationen mit San gelebt und gearbeitet haben, engagieren sich für sie. Die Ansätze sind verschieden, doch allen Projekten gemeinsam ist der Versuch, die Wildbeuter zur Sesshaftigkeit zu bekehren. In einem großen und auch staatlich geförderten Rahmen tut dies die Stiftung Ombili. Das Ehepaar Mais-Rische hatte nach der namibischen Unabhängigkeit zunächst ein paar San auf ihrer Farm aufgenommen, die nach der Entlassung aus der südafrikanischen Armee, wo sie als Fährtensucher eingesetzt waren, keine Verdienstmöglichkeit mehr hatten. Mit der Zeit zogen immer mehr San auf die Farm Hedwigslust; heute sind es mehrere Hundert, zumeist Heikom aus der Region um Etosha. Sie lernen Feldfrüchte anzubauen und Vieh zu züchten, sie wer-

1 und 2 *Mittlerweile unterstützen mehrere Entwicklungsorganisationen die San dabei, ihre Traditionen zu bewahren. Die Kultur der San ist eine der ältesten Afrikas; sie besitzt ein enormes Wissen über die optimale Nutzung der natürlichen Ressourcen.*

1

2

1

2

4

3

5

den in verschiedenen Lehrberufen unterwiesen, und die Kinder gehen zur Schule. Das Unternehmen Ombili ist beeindruckend, wenn man bedenkt, was Laien mit größtem persönlichen Einsatz erreicht haben. Aber was passiert, wenn die San die Stiftung verlassen, wo ihr Leben sehr streng reglementiert verläuft? Die Antwort auf diese Frage lassen die Initiatoren offen.

Auch die jungen Amerikaner, die als »Freiwillige« ihren Dienst bei Nyae-Nyae in der Nähe von Tsumkwe leisten, gehen ihre Arbeit mit großem Idealismus und vielen Ideen an. Doch meist dauert es nicht lange, dann sind die Illusionen verflogen. Dann hört man auch aus ihrem Munde Sätze, wie sie überall in Namibia die Vorurteile gegenüber den San bekräftigen: »San sind wie kleine Kinder; sie brauchen eine harte Hand.« Über die Fehlschläge von Nyae-Nyae wurde in Namibia viel gelacht. Da gab es die Geschichte von den Rindern, die die Amerikaner den San schenkten und die diese dann einfach in den Busch laufen ließen, wo sie von Raubtieren getötet wurden, weil keiner ihnen erklärt hatte, dass man Vieh hüten muss. Aber inzwischen haben sich die Entwicklungshelfer doch einigen Respekt erarbeitet.

Anders als in Ombili wird bei Nyae-Nyae behutsamer vorgegangen. Sesshaftigkeit ist natürlich auch hier das Ziel, aber die Traditionen sollen gewahrt bleiben und werden bewusst gefördert. Und dies kommt nicht nur dem Zusammenhalt der Gemeinschaft zugute, sondern auch dem Einkommen der Gruppe, denn wenn sie Touristen ihre Tänze, ihre Jagdmethoden, ihre Kenntnis der Natur vorführt, verdient sie damit gutes Geld.

In Rundu, der ehemals südafrikanischen Frontstadt im Unabhängigkeitskampf der SWAPO, endet das Namibia der trockenen Böden, des dornigen Buschwerks und der wasserlosen Flüsse. Hier kleidet sich das Land in ein grünes Gewand, es geizt nicht mit Wasser, und Flora und Fauna zeigen sich in überbordender Fülle. Nach der staubigen, anstrengenden Fahrt gen Norden wirkt Rundu am breiten, träg dahinfließenden Okavango wie eine Fata Morgana, wenngleich der Ort selbst nichts Attraktives zu bieten hat. Der Fluss mit seinem in der Regel schlammigbraunen Wasser ist einfach ein Wunder. An seinem Ufer reihen sich Lodge an Lodge, dekorativ versteckt im dichten Grün von Riedgras und Papyrus, beschattet von schönen Ahnenbäumen, Teak und Baobabs.

Die afrikanische Version des Grafen von Caprivi

Bei Divundu, östlich von Rundu, beginnt der schmale Landkorridor des Caprivi-Strip. Im Jahr 1890 wurde er der deutschen Kolonie Südwestafrika angegliedert. Für die Abtretung der Insel Sansibar erhielt Deutschland von den Briten die Insel Helgoland und ebendiesen 460 Kilometer

6

7

8

1 bis 5 *Die San waren ursprünglich Jäger und Sammler. Heute verdienen sie Ihren Lebensunterhalt oftmals mit dem Anbau von Früchten und der Viehzucht.* – 6 *Die San gelten als die ersten Bewohner im südlichen Afrika und stehen möglicherweise sogar an der Wurzel des menschlichen Stammbaums, wie genetische Untersuchungen nahelegen.* – 7 *Schnitzarbeiten werden nur von den Völkern im Kavango und Caprivi hergestellt.* – 8 *Auch aufwendige Korbflechtereien kann man in Caprivi bestaunen.*

langen und in seinem schmalen Korridor nur 32 Kilometer breiten Streifen Landes. Langfristig sollte der nach seinem »Schöpfer«, Reichskanzler Leo Graf von Caprivi, benannte Caprivi-Strip die deutschen Kolonien in Ostafrika mit »Südwest« verbinden – doch dieses Unternehmen wurde nie realisiert. Namibia kam dadurch zu einem Territorium, das ethnisch nicht besonders gut mit dem Rest harmoniert. Und als wollten sich die Caprivianer dies jede Sekunde bewusst machen, stellen sie ihre Uhren nicht nach namibischer, sondern nach der Zeit ihrer Nachbarn Botswana, Zimbabwe und Sambia.

Tatsächlich haben die Kolonialmächte am Verhandlungstisch einfach die traditionellen Siedlungsgebiete von Völkern wie der Mafwe und Basubya mit dem Lineal zerteilt. Ihre Familien sind nun teils Namibier, teils Sambier; andere wiederum sind Staatsbürger Botswanas oder Zimbabwes. Mit dem Sammelnamen Caprivier werden mehrere ethnische Gruppen zusammengefasst, eine Einheit bilden sie deshalb aber noch lange nicht. Separatistische Bestrebungen gibt es immer wieder, und im Jahr 1999 kam es sogar zu einer Art bewaffnetem Aufstand im Caprivi. Namibisches Militär griff hart und, wie viele meinen, unverhältnismäßig brutal gegen alle potenziellen Oppositionellen im Caprivi durch, und die Anführer der Separatisten setzten sich nach Botswana ab. Das Verhältnis zwischen den beiden Ländern wurde dadurch arg belastet. Heute steht nicht mehr die Politik sondern der Naturschutz im Vordergrund. In Namibias Nordosten und den Nachbarländern Angola, Sambia, Zimbabwe und Botswana soll Afrikas größtes Naturschutzgebiet, die TAZA Conservation Area, entstehen.

Landschaften aus Wasser und Licht

Der Okavango nimmt am Eingang des Caprivi die Wasser des Kuito aus Angola auf und wendet sich dann nach Süden. Auf dem kurzen Stück zwischen Katere und der Grenze zu Botswana führt er die zehnfache Menge des Wassers, das alle anderen im Inland fließenden Flüsse Namibias im Jahresdurchschnitt gemeinsam transportieren. Mit über einem Kilometer Breite wälzt er sich dem Binnendelta entgegen, in dem diese immensen Wassermassen einfach in der botswanischen Kalahari versickern. Und gleich ihm formen weiter östlich Kwando, Linyati und Sambesi ähnliche Fluss- und Sumpflandschaften, in denen eine einzigartige und seltene Tier- und Pflanzenwelt ihren Lebensraum hat. Dieser Überfluss an Wasser und das Spiel der Sonne im Laubdach der Ahnenbäume, der Bananenpflanzungen und Getreidefelder prägen die Landschaft des Caprivi. Gelegentlich teilen sich die dichten Busch- und Baumwände, die den TransCaprivi Highway säumen, und eine Horde Affen oder ein paar Elefanten trotten über den Asphalt. Farmzäune sucht man vergebens; stattdessen stehen hier einfache Rundhüttendörfer auf gerodeten Lichtungen; Frauen und Mädchen stampfen mit rhythmischen Schlägen Hirse oder schälen Mais; Früchte und Korbwaren werden auf kleinen Märkten verkauft; das Leben ist bunt, lebhaft und ganz anders als im namibischen Farmland.

Auch die Schutzgebiete wie Mamili und Mudumu zeigen eine andere, subtropisch-afrikanische Seite des Landes: Die meiste Zeit des Jahres kann man sie nur mit Booten befahren. Die eleganten Mokoros, aus einem Stamm geschnitzte Einbäume, werden von »Polern« mit langen Stangen durch die Wasseradern der Sümpfe gestakt; an den Ufern stehen scheue Riedböcke und Sitatunga mit langem, zotteligem Fell; in ruhigen Gumpen dümpeln Flusspferde vor sich hin, Krokodile son-

1 *Der Sambesi ist der größte afrikanische Strom, der in den indischen Ozean fließt.*
2 *Im Mudumu Nationalpark in Caprivi kann man sowohl an Land als auch zu Wasser Löwen, Elefanten, seltene Antilopen, Zebras, Flusspferde, Krokodile und über 430 Vogelarten beobachten.* – 3 *Mudumu hat im Vergleich zum Rest Namibias eine völlig andere Fauna: Riesige Ried-, Papyrus- und Sumpfflächen.*

2

3

1

2

nen sich an den Uferbänken und gelegentlich nehmen ein paar Elefanten ein Bad. Die Vogelwelt wirft sich mit eleganten Vertretern wie Klunkerkranichen oder dem majestätischen Fischadler besonders hübsch in Schale. Und die wenigen edlen Lodges, die hier eine ausgewählte Gästeschar bewirten, tun dies stilvoll, very british und gegen teures Geld.

Ausflug zu den Victoria Falls

Die Verkehrswege aus Namibia treffen in Katima Mullilo, Botswana, Zimbabwe und Sambia zusammen. Auf dem großen offenen Markt werden Waren aus all diesen Ländern gehandelt, Berge von Flechtkörben und geschnitzten Holztieren warten auf Touristen – und doch haben die meisten, die Katima passieren und in einer der Lodges absteigen, nur eines im Sinn: Möglichst schnell weiter nach Botswana und Zimbabwe, wo Afrika noch wirklich spektakulär und wild sein soll. Auch dem schottischen Missionar und Forschungsreisenden Dr. David Livingstone erging es vor knapp 150 Jahren nicht anders: Getrieben von dem Wunsch, den Lauf des Sambesi zu erforschen und vielleicht auch die Wasserfälle zu finden, von denen ihm Eingeborene erzählt hatten, versuchte er aus verschiedenen Richtungen in das Herz des schwarzen Afrika vorzustoßen. Er scheiterte mehrmals, bis er am 16. November 1855 endlich vor dem »donnernden Rauch«, mosi-o-tunya, stand und in seinem Tagebuch vermerkte, dass wohl nur Engel solche Schönheit schauen könnten. Als Entdecker der nach Königin Victoria II. benannten Fälle ging Livingstone in die Geschichte ein – der erste Weiße, der sie sah, war er aber sicherlich nicht, denn vor ihm trieben sich bereits Jäger in der Region herum.

Das Schauspiel des in die Schlucht stürzenden Sambesi ist tatsächlich überwältigend, und obgleich es höhere, breitere und mit mehr Wasser bestückte Fälle gibt auf der Welt, verbinden sich in den Victoria Falls alle drei Messlatten zu einem einzigen Superlativ: Kein Wasserfall ist zugleich so breit, hoch und wasserführend wie sie. Die Gischt des in die bis zu 100 Meter tiefe und 1700 Meter lange Schlucht stürzenden Wassers berieselt die Umgebung mit einem stetigen feinen Sprühregen. Er legt sich auf Haare, Kleidung und Kamera und lässt jeden Besucher binnen kurzem aussehen wie einen tropfnassen Pudel.

Nicht weit entfernt von dem Naturschauspiel erinnern zwei Monumente an die frühe touristische Erschließung der Fälle: Das ehrwürdige Victoria-Falls-Hotel, 1904 eröffnet und seither die feine englische Lebensart gegen den afrikanischen Dschungel ebenso hoch haltend wie gegen die Disneywelt des modernen Amüsements in der Kunststadt Vic' Falls, und die 1905 vollendete Eisenbahnbrücke über den Sambesi, an der die Grenze zwischen Zimbabwe und Sambia verläuft. Von ihr stürzen sich heute ebenjene modernen Amüsiersüchtigen, denen das Leben nicht hip genug sein kann und die ihren Adrenalinspiegel in Vic' Falls mit diversen Aktivitäten auf gleichbleibender Höhe halten. Natürlich springen sie nicht ohne Gummiseil, das sie kurz vor dem Aufprall wieder nach oben reißt, ebenso wie die Rafter von »Shearwater«, die mit Sicherungsschnüren, Helmen und Westen im Schlauchboot durch die gischterfüllte Schlucht rasen: Victoria Falls ist heute ein riesiger Freizeitpark, in dem nur das schnelle, möglichst sichere Abenteuer zählt, in dem der Krach das Wild vertreibt und Naturschutz sich dem Unterhaltungsangebot beugt. Nur der Sambesi gibt sich ungerührt; mit dem tosenden Donner seiner Wasser überdeckt er die Geräusche der Zivilisation und fließt weiter auf seinem langen Weg zum Indischen Ozean.

1 *Die Victoria Wasserfälle: Auf einer Breite von fast zwei Kilometern stürzt der gewaltige Sambesi 120 Meter in die Tiefe.* – 2 *Umgeben ist das Naturschauspiel von paradiesisch schöner Natur mit tropischem Regenwald und einem großartigen Wildbestand, alles durch Nationalparks geschützt.* – 3 *Das Victoria-Falls-Hotel ist bekannt als die Grand Dame unter den Hotels der Gegend.*

Dank der hohen Luftfeuchtigkeit der zerstäubenden Wassermassen sieht man häufig Regenbögen um die Victoria Fälle. Wegen des bis zu 300 Meter aufsteigenden Sprühnebels nennen die Einheimischen vom Stamm der Kololo den Wasserfall »Mosi-oa-Tunya«: donnernder Rauch.

1

2

1 *Mit Mokoros befahren die Caprivianer die flachen Wasseradern ihrer Region.* – 2 *Im Süden von Kongolo im Caprivi-Streifen liegt das Besucherdorf Lizauli.* – 3 *In diesem Nachbau eines traditionellen Dorfes erhält der Besucher einen Einblick in das Alltagsleben dieser Region.* – 4 *Man kann das Haus eines Häuptlings besuchen und der Zubereitung des traditionellen Mahango-Breis beiwohnen.* – 5 *Die Kavango sind bekannt für Ihre außergewöhnliche Schnitzkunst.* – 6 *Wer Pfeil und Bogen beherrscht, hat gut Lachen.*

Damaraland und Etosha

Wie das Buschmannland im Osten gelten Damaraland und das nördlich angrenzende Kaokoveld im Westen als Namibias letzte, fast unberührte Wildnisgebiete. Doch im Gegensatz zu den mit Bäumen und Strauchwerk bewachsenen Kalahari-Rippen zeigen sich Felsburgen und Kieswüsten im Westen unverhüllt, wurden von der Erosion zu bizarren Gebilden geschliffen. Die Sonne bringt sie in Rot, Ocker und Gold zum Leuchten.

Namibias Weite und Schönheit ist beeindruckend. Von der Spitzkuppe aus beobachten Jäger die Wildherden in der Ebene.

Wild und Ökologie

Etosha – Damara – Brandberg – Kaokoveld – Khorixas – Opuwo – Hartmannstal – Marienfluss – Zebraberge

Die Barrikade des Veterinärzauns durchschneidet wie mit dem Lineal gezogen die Region und ganz Namibia von West nach Ost. Zum Schutz des Nutzviehs vor der Maul- und Klauenseuche, von den Deutschen eingerichtet, wurde diese Grenze von den Südafrikanern und dann von der namibischen Regierung übernommen. Rinder aus den nördlichen Landesteilen dürfen sie nicht passieren, da sie als nicht seuchenfrei gelten, und alle Fahrzeuge auf dem Weg von Nord nach Süd werden desinfiziert.

Der große weiße Platz

Nördlich des Veterinärzauns liegt auch Namibias berühmtester Nationalpark, Etosha. Die ersten Weißen, die den Tierreichtum um die Salzpfanne, die pan, erblickten, waren wohl Großwildjäger, die vom Kap aus Abstecher über den Oranje in das unbesiedelte Gebiet machten und dabei immer weiter nach Norden vordrangen. Im Jahr 1851 notierte der schwedische Jäger und Forscher Charles John Andersson seine Eindrücke von Etosha: »Während der ersten Tagereise überquerten wir eine immense Tiefebene (...), die mit einer Salzkruste bedeckt ist (...). In manchen Regenjahren, so informierte uns der Ovambo, stehe diese Gegend unter Wasser und sehe wie ein See aus.« Dieses Salz, das Wasser aus dem stark mineralhaltigen Boden löste und das sich nach dessen Verdunstung ablagerte, war ein wichtiges Tauschmittel der um Etosha lebenden Menschen wie der Heikom-San und der Ovambo, die von ihrem weiter nördlich gelegenen Siedlungsgebiet jedes Jahr zur rituellen Salzernte nach Etosha zogen. Und es ist ein lebensnotwendiger Nährstoff für das Wild, das im Umkreis der ungefähr 5000 Quadratkilometer großen Pfanne weidet und zur Salzlecke kommt. Heikom und Ovambo nannten diesen Ort Etosha, »großer, weißer Platz«; und schon bald nach der Entdeckung wurde hier das Wild gnadenlos gejagt. Anfang des 20. Jahrhunderts gab es keine Elefanten mehr, und so sah sich die deutsche Administration im Jahr 1907 veranlasst, etwas zum Schutz der Tiere zu unternehmen. Mit Etosha wurde Namibias erstes Naturschutzgebiet ausgewiesen – damals 93 000 Quadratkilometer groß und von seiner heutigen Ostgrenze bis an den Atlantik im Westen und an den Kunene im Norden reichend. Im Jahr 1947 wurde der gesamte Bereich des Kaokoveld vom Nationalpark abgetrennt, denn man brauchte das Gebiet nun als Homeland für die Herero; mit etwas mehr als 23 000 Quadratkilometer war Etosha damals ungefähr genauso groß wie heute. Zwar wurde 1958 ein erneuter Versuch

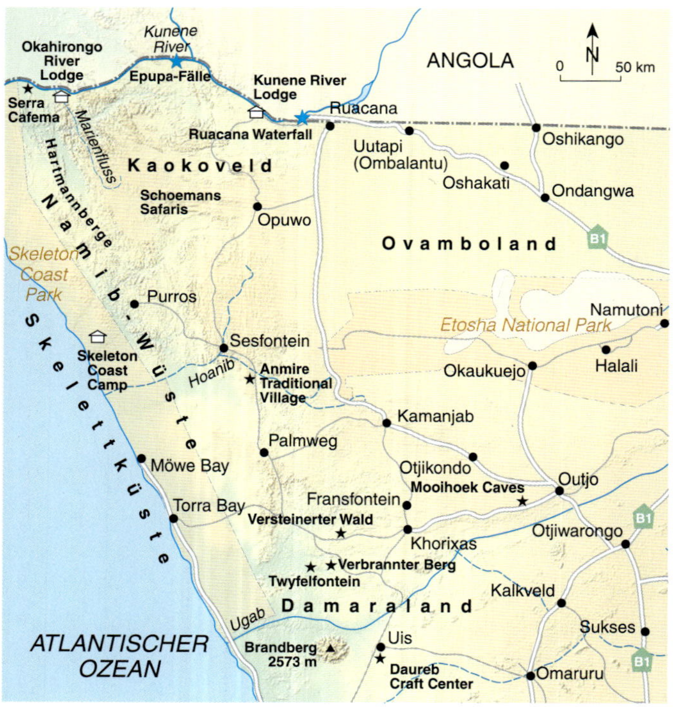

1 Die Giraffe ist das höchste landlebende Tier. – 2 Zebras kann man an den Wasserstellen im Etosha Nationalpark gut beobachten. Die schönsten Aufnahmen gibt es bei Dämmerung an den Wasserstellen.

1

2

1
2

unternommen, den Migrationsrouten der Elefanten entsprechend den Nationalpark nach Westen, auf die Namib zwischen Ugab und Hoanib-River auszudehnen, doch 1970 war es damit wieder vorbei; die Region wurde als Homeland den Damara zugewiesen. Heute bedeckt der Nationalpark insgesamt 22 270 Quadratkilometer und ist damit etwa so groß wie Hessen.

Die Attacken der Jäger

Auf Farmland gab es bereits Anfang des 20. Jahrhunderts kaum noch Großwild: Überall in Namibia wurden die Wildbestände durch den Eingriff der Menschen empfindlich gestört. Nur in Etosha konnten sich Löwen, Elefanten, Gnus, Nashörner und andere Tiere von den Attacken der Jäger erholen. Aber schon bald standen die Wildhüter vor dem Problem, dass bestimmte Arten überhand nahmen, während andere unerklärlicherweise auszusterben drohten. So gab es in Etosha plötzlich viel zu viele Löwen, während die Zahl der Geparde sank. Die stärkeren Raubkatzen verdrängten die schwächeren aus ihrem Revier. Ähnliches geschah auch bei den Elefanten – auf über zweitausend war ihre Zahl gestiegen, und der Populationsdruck schien den Lebensraum anderer Laubfresser zu gefährden. In freier Wildbahn würden die Tiere einfach in andere Regionen ausweichen; in dem für so große Herden zu kleinen Nationalpark treten sie sich buchstäblich gegenseitig auf die Füße. Die Naturschutzbehörden reagieren mit verschiedenen Maßnahmen auf diese Entwicklung: Die Antwort Nummer eins heißt Culling – kontrollierter Abschuss zu großer Bestände. Bei den Löwen versuchte man es mit der Anti-Baby-Pille. Die Aktion war erfolgreich, doch wurden die derart behandelten Löwinnen auch nach dem Absetzen der Hormone von den Herren der Schöpfung gemieden. Immer mehr überschüssige Tiere landen schließlich auf privatem Farmland, denn die Wildfarmerei hat sich längst zu einem lukrativen Geschäftszweig entwickelt. Das Fleisch von Antilopen gilt als Delikatesse, und ein großer Wildbestand dient als eine touristische Attraktion. Doch von den Sorgen und Nöten der Nationalparkverwaltung ahnen wohl die meisten Besucher nichts. Wenn sich die Tore der Rastlager bei Sonnenaufgang öffnen, betreten sie ein Paradies, in dem sie nach Herzenslust herumfahren, beobachten und pirschen können – solange sie sich an die geltenden Geschwindigkeitsbeschränkungen halten, das Fahrzeug nicht verlassen und pünktlich zum Sonnenuntergang wieder in eines der Rastlager zurückkehren.

Unter wilden Tieren

Ganz flach, von einem gräulichen Weiß überzogen, aus dem der Wind immer wieder feine Sandwirbel aufscheucht, und mit harten Grasbüscheln bewachsen – Etosha zeigt sich kaum von einer attraktiven Seite; vielmehr ist es eine Landschaft der harten Farben und des stechenden Lichts. Doch darin wandern die elegantesten Wesen herum, unberührt von den Autos und den aufgewirbelten Staubfahnen, kaum gestört vom Klicken und Surren der Kameras: Springböcke beispielsweise, deren weiße Fellrose am Hinterteil sich öffnet, wenn die Tiere in panischer Flucht davonstieben, oder Streifengnus, die so dumpf und träge wirken und dabei doch nichts lieber tun als einander in übermütigem Spiel im Kreis zu jagen – rechts herum, links herum und wieder rechts. Zebras wandern vorbei, hunderte von Tieren legen schwarz-weiße Streifenmuster auf die Ebene, und dazwischen ragt staksig das spitze Gehörn einer Oryx heraus oder der Hals eines Straußen. Giraffen knabbern an Blättern der Akazien und

1 *Die Freude der Kleinen beim Schlammbad. Die Fruchtbarkeitsphase einer Elefantenkuh währt nur wenige Tage im Jahr, die Tragzeit beträgt etwa 22 Monate.*
2 *Leoparden sind nachtaktive Raubkatzen. Sie tagsüber zu sehen ist großes Glück.*
3 *Bei Löwen hat der Hormonstatus und der Ernährungszustand Auswirkung auf Dichte und Länge der Mähne.*

1

2

3

sind trotz ihrer Größe zwischen den krakeligen Ästen kaum wahrzunehmen. Zwischen Blutpflaumen geduckt spähen Kudu-Damen mit ihren verträumten Augen aus dem Gehölz, beschützt von einem stolzen Bullen mit gedrehtem Gehörn und trotzdem nervös und stets zu hysterischer Flucht in hohen, weiten Sprüngen bereit.

Plötzlich überdeckt ein scharfer und ätzender Geruch das Honigaroma der Akazienblüten – Raubkatzen sind in der Nähe. An der Wasserstelle bewegt sich das Wild wie in Zeitlupe. Lauernd, witternd, beobachtend ziehen Zebras, Gnus, Oryx-Antilopen und Kudus einen lockeren Kreis um das Wasser, aber sie kommen nicht näher. Nur zwei junge Giraffen ignorieren die warnenden Signale; sich gegenseitig sichernd bringen sie sich mit weit gespreizten Vorderbeinen in Position, senken den langen Hals und trinken.

Keine 20 Meter entfernt erheben drei Löwinnen erstaunt ihre Köpfe über den umgestürzten Baumstamm, in dessen Schatten sie unsichtbar ruhten, und beobachten die frechen Jugendlichen.

Ein unhörbares Raunen, eine kaum wahrnehmbare Rückzugsbewegung erfasst die Tiere an der Wasserstelle – nur die beiden Giraffen bleiben ruhig. Diesmal gibt ihnen ihr Instinkt Recht: Die Löwen sind satt und träge, es droht keine Gefahr. Beim nächsten Mal allerdings kann eine solche Unverfrorenheit tödlich enden.

Wenn abends alle Besucher Etosha verlassen haben, wenn in den Rastlagern die Steaks und Kartoffeln auf dem Grill rösten und man nach einem langen, ereignisreichen Tag ein kühles namibisches Bier öffnet, besinnlich an den angeleuchteten Wasserstellen zusammensitzt und den Nashörnern, Elefanten, Warzenschweinen oder Schakalen beim Trinken und Plantschen zuschaut – dann kommt die Zeit des Erfahrungsaustausches.

Eine Herde von 50 Elefanten haben die einen gesehen, bei Olifantsbad. Einen Leoparden am helllichten Tag die anderen, bei Kalkheuvel. Das sei doch die Leopardin, die täglich gegen vier Uhr mit ihrem Jungen kommt, wissen Dritte zu berichten, man hätte dies in der »Allgemeinen Zeitung« gelesen. Und Löwen, ja die gingen ganz einfach auf der Asphaltstraße in Richtung Namutoni spazieren, acht Stück und ein herrliches Männchen dabei. So hat jeder etwas zu berichten, und jene, die noch nicht das Glück hatten, wilde Tiere zu sehen, die merken sich die Zeiten und Stellen für den nächsten Tag vor. Während so fabuliert wird, erscheint Etosha immer fantastischer, und die Geschichten und Bilder folgen einem noch in den erschöpften Schlaf.

Im Land der Damara

Wo Etosha im Westen endet, beginnt das gebirgige Felsland der Damara. Unter Südafrikas Rassenpolitik zum Homeland

1 *Südlich der Sahara findet man Breitmaul- und Spitzmaulnashörner. Heute existieren nur noch fünf Nashorn-Arten.* – 2 *Der Monteiro-Toko wandert im Frühjahr in die Umgebung von Windhoek, um dort zu brüten.* – 3 *Die Speihkobra ist ein sehr scheues Tier. Sie kann ihr Gift zur Verteidigung mehrere Meter weit spritzen.* – 4 *Im Geisterwald von Etosha stehen viele Moringabäume.* – 5 *Das Fort Namutoni liegt auf einem Kalksteinhügel und ist eine ehemalige Polizei- und Militärstation.*

4

5

1

2

erklärt und von Etosha abgetrennt, wird die Region heute kommunales Land genannt. Das bedeutet, dass es keine Großfarmen gibt, dass keine private, individuelle Nutzung des Landes geduldet ist, sondern durch die Dorfgemeinschaft oder Großfamilie gemeinschaftlich verwaltet wird.

Kommunales Land ist in Namibia aber fast zwangsläufig – abgesehen von einigen Herero-Regionen – auch ein Synonym für Armut, denn die Grasflächen sind durch die zu großen Viehbestände überweidet, die Felder ausgelaugt, und den meisten Menschen bleibt nur die Perspektive, in der nächsten größeren Stadt oder auf den Großfarmen nach Arbeit und Einkommen zu suchen.

Dass die Menschen hier unter ganz schwierigen Bedingungen leben, sieht man auch im kommunalen Land der Damara und in deren Hauptort Khorixas, einer staubigen Kleinstadt, in der die großen Reklametafeln der Bottle Stores die einzigen Farbakzente setzen. Draußen – »im Veld«, wie die Namibier sagen – begrenzen verrostete Drahtzäune windschiefe Holzhütten, die mit Karton und Wellblech ausgebessert wurden. Ein paar Hühner und Ziegen scharren in der trockenen Erde, ein magerer Esel oder einige Rinder sind das Kapital der Bauern, in kleinen Gärtchen wächst etwas Hirse. Die meisten Jugendlichen verlassen ihre trostlose Heimat und stranden letztlich in Khorixas oder Windhoek – oder machen tatsächlich das erhoffte Glück und finden eine Arbeit.

Damaraland, dessen Böden die vielen vom Apartheidsregime zwangsweise hierher verfrachteten Menschen nicht ernähren können, besitzt allerdings ein Kapital, das die Damara bislang kaum ausgebeutet haben: Spuren aus der Erdfrühzeit, in den Fels geritzte Bilder der ersten Bewohner des Landes und so bizarre Fels- und Gebirgsskulpturen, dass die Region um Brandberg und Spitzkoppe zu den liebsten Reisezielen der Namibier zählt und jedes Jahr auch mehr Touristen nach Damaraland lockt. All diese Besucher, die zwischen Granitkuppen zelten, zu Felsbildern wandern, in Lodges übernachten, all diese zahlreichen und ergiebigen Einkommensquellen wurden bislang von den Damara noch nicht genügend genutzt.

Seit einigen Jahren versucht der namibische Staat, die betroffenen Gemeinden vom Tourismus auf ihrem Land profitieren zu lassen. »Community based tourism« heißt das Zauberwort, mit dem man dies zu erreichen sucht, und das nicht mit großen Prestigeprojekten, sondern mit kleinen, überschaubaren und von der lokalen Bevölkerung auch handhabbaren Unternehmen. Eines davon ist der Zeltplatz an der Spitzkoppe, den die Damara mit viel Geschick und einfachsten Mitteln freundlich hergerichtet haben.

In einem winzigen Laden verkaufen sie selbst gebastelte Puppen und Schmuck, Halbedelsteine aus der Region und die hübsch mit filigranen Mustern geschnitzten Kerne der Makalani-Frucht. Es stehen auch Führer bereit, die den Gästen das Bushman's Paradise mit seinen verblassten Felsritzungen zeigen oder sie auf der gefährlichen Klettertour zum Gipfel der Großen und Kleinen Spitzkoppe begleiten.

Man kann abends ein Essen bekommen oder traditionelle Tänze sehen und nicht nur Namibias Natur, sondern auch die Menschen kennen lernen. Doch das Angebot der Nacobta-Projekte wird von Touristen nach wie vor nur selten genutzt – wie viel vertrauter ist es doch, am gedeckten Tisch einer Lodge Platz zu nehmen als an der Feuerstelle einer Damara-Siedlung.

1 *Nebeneinander stehend sehen die Tafelberge des Ugab-Tales aus wie eine Postenkette archaischer Festungen.* – 2 *Die Felsbilder erzählen von dem ehemaligen Wildreichtum des Damaralandes.* – 3 *Twyfelfontain (zweifelhafte, nicht zuverlässige Quelle) bezeichnet ein Tal, das berühmt wurde wegen seiner Vielzahl von steinzeitlichen Felsgravuren und Malereien.*

Bilder erzählen Geschichten

Nördlich der beiden Spitzkoppen erhebt sich ein wuchtiges Massiv aus der Randnamib: der Brandberg, ein rötlich-brauner Granitklotz mit Mustern aus schwarzem Basalt, dessen Wände sich steil zu einem Plateau emporschwingen, aus dem mehrere Gipfel und darunter Namibias höchster Berg, der 2580 Meter hohe Königsstein, herausragen. Wie alle anderen Inselberge am Rande der Namib war auch der Brandberg ein von den durch die Savannen und Wüsten ziehenden Völkern genutztes Wasserreservoir, denn in seinen Klüften und Schründen blieb der Regen länger gespeichert als in der offenen Ebene. Hier fanden die Menschen Wasser, das Vieh auch Futter, wenn drum herum längst alles verdorrt war.

Sowohl die Damara wie auch die Herero kannten den Brandberg seit Jahrhunderten; Letztere nannten ihn »Berg der Götter«, wohl wegen seiner die Landschaft beherrschenden Gestalt: vielleicht aber auch, weil sie sich die Herkunft der vielen, eigenartigen Bilder nicht erklären konnten, die seine Felswände und Höhlen bedeckten. Im Jahr 1918 sahen sich Bergsteiger erstmals der berühmten »Weißen Dame von Brandberg« gegenüber, die fortan die Fantasie der Forscher beflügeln sollte. Denn die unter einem schützenden Vorsprung angebrachte Malerei war, so der Tenor der damaligen Zeit, keinesfalls mit angeblich »kulturlosen« Negern in Verbindung zu bringen.

Die »Weiße Dame«, heute ein verblasstes und kaum noch erkennbares Motiv, das man nach einer Wanderung durch die Tsisab-Schlucht in etwa einer Stunde erreicht, wurde vor allem durch die Interpretationen des sehr angesehenen, französischen Felsbildforschers Abbé Breuil berühmt. Der fand in ihr eindeutig mediterrane Züge, die ganz klar auf einen kulturstiftenden Einfluss von zivilisierten Völkern aus dem Mittelmeerraum auf die afrikanischen Barbaren zeugten. Legenden gab es genug, mit denen solche Einflüsse dokumentiert werden konnten – da hatte beispielsweise der Karthager Hanno eine Schiffsfahrt im fünften vorchristlichen Jahrhundert unternommen, die ihn an der afrikanischen Westküste nach Süden durchaus bis Namibia hätte führen können – Hannos Reisebericht ist leider recht fantastisch und gibt keine exakte Auskunft über die Reiseroute. Breuil konnte sich aber durchaus auch mit der Vorstellung anfreunden, Gesandte aus dem minoischen Kreta hätten unter Namibias Ureinwohnern gewirkt. Doch auch die Einheimischen erzählen Geschichten von fremden, hellhäutigen Heroen, die ihnen die Kenntnis des Feuers, des Ackerbaus oder bestimmter ritueller Handlungen überliefert hätten, und so wurde die Annahme, Afrika sei sozusagen unter Europas Einfluss »zivilisiert« worden,

1 *In Khorixas gibt es bizarre Fantasiewesen und jede Menge faszinierende Felsformationen.* – 2 *Versteinerte Baumstämme und Granitkugeln, die aussehen wie Riesenmurmeln, sind neben den wild zerklüfteten Bergketten charakteristisch für das Darmaland.* – 3 *Die Orgelpfeifen im Erongo-Gebirge erstrecken sich in die Höhe.* – 4 *Die Rucana Falls gehören zum Grenzfluss Kunene, der hier über 120 Meter tief in eine 700 Meter breite Schlucht stürzt.*
5 *Die Vingerklip im Ugab-Tal ist ein erodierter, ehemaliger Tafelberg.*

4

5

1

2

lange Zeit akzeptiert. Neuere, moderne Interpretationen orientieren sich dagegen am Symbolgehalt und der Struktur solcher Mythen und nehmen sie nicht beim Wort. So kam es schließlich auch, dass sich die »Weiße Dame« im anderen Licht betrachtet in einen »Schwarzen Krieger« verwandelte. Wer das Bild heute sieht, die stolz erhobene Waffe, den dunklen, muskulösen Torso und den mit weißem, rituellem Muster bemalten Unterkörper, kann kaum nachvollziehen, wieso diese Figur für eine weiße Frau gehalten werden konnte. Ohnehin ist die White Lady nicht das wichtigste Motiv am Brandberg. Seit Harald Pager in den 1970er-Jahren mit unendlicher Mühe und Akribie die im Massiv versteckten Bilder erforschte, weiß man, dass am Brandberg mehrere 10 000 Malereien der Entdeckung harren.

Pager allein hatte 43 000 Bilder an 879 Fundstellen auf Folien kopiert. Das Heinrich-Barth-Institut der Universität Köln untersucht und dokumentiert diese Sammlung. Das Alter der Kunstwerke am Brandberg wird auf bis zu 3000 Jahre geschätzt, das häufigste Motiv sind nicht rätselhafte Gestalten, sondern die reiche Tierwelt der Savanne: Springbockherden, Giraffen, Geparde – exakt und bis ins letzte Detail so wiedergegeben, wie sie noch heute die Savannen des südlichen Afrika durchstreifen. Und die Schöpfer dieser Bilder, bei Tanz und Jagd ebenfalls auf Fels verewigt, scheinen Vorfahren der San zu sein, jener nomadischen Jäger also, die heute in Namibia nur noch am Rande der Gesellschaft geduldet werden.

Freiluftmuseum an der zweifelhaften Quelle Twyfelfontein, die unsichere Quelle, liegt in einer wundersamen Landschaft zwischen Etosha und dem Abfall der Randstufe zur Namib. Es ist eine Region, in der hohes, seidiges und wie Gold schimmerndes Gras die rötlichen Felsen umschmeichelt, in der einsame Windräder mit rhythmischem Gequietsche Wasser in die Viehtränken pumpen, in der Warzenschweinfamilien mit erhobenen Schwänzchen durch den Grasteppich pflügen und in panischer Stampede über die Pads wechseln. In Serpentinen klettert die Straße vom Atlantik her die Berge hinauf, umkurvt schwarze, wie von Schlacke verbrannte Kegel harten Granits, windet sich durch schmale Passhöhen und an ärmlichen Farmen vorbei, überquert Trockenflüsse mit tiefem Sand und führt zu einem natürlichen Amphitheater, dessen Wände voller Bilder sind – Twyfelfontein.

Anders als am Brandberg haben die Künstler hier in den Felsen geritzt. Warum das so ist, können die Archäologen noch nicht deuten. Sie finden im südlichen Afrika Malereien und Gravuren bis auf wenige Ausnahmen stets deutlich voneinander getrennt, als hätten zwei ganz verschiedene Völker hier ihre Kreativität ausgelebt. Im Gegensatz zu den Techniken sind die Motive allerdings gleich: Wild, das man jagte, wenn man Hunger hatte, das man sich herbeiwünschte, wenn die Saison schlecht war, das man still bewunderte, wenn die Mägen gefüllt waren.

Von dem Rastplatz über der Ebene konnte man die Herden wandern sehen, beobachten, wie Raubtiere sich anpirschten, wie Junge geboren wurden. All dies haben die Künstler, auch sie vermutlich Vorfahren der San, in das Gestein geritzt und für die Nachkommen erhalten. Denn vielleicht, so lautet eine Interpretation der Felsbildkunst, ist darin eine Art »Lehrbuch« zu sehen, mit dem die Menschen

1 *Das Brandbergmassiv, zu dem auch der Königstein gehört, ist mit einer Höhe von 2573 Metern der höchste Berg Namibias.* – 2 *Der Brandberg hat seinen Namen von der glühend-roten Farbe, in der der Berg erscheint, wenn die Abendsonne ihn anstrahlt.* – 3 *Massiver Granitbrocken am Brandberg.*

ihre Kenntnisse der Natur weitergaben. So wären auch die vielen Tierspuren zu erklären, die neben das zugehörige Wild gestellt und detailgenau ausgeführt über die Felsen laufen.
Andere Motive allerdings geben ähnliche Rätsel auf wie die »White Lady«: Warum beispielsweise hat der exakt gezeichnete Löwe einen überlangen, geknickten Schwanz, an dessen Ende sich keine Quaste, sondern der Aufriss der Löwenspur befindet? Und was hat das als »Adam und Eva« bezeichnete nackte Paar zu bedeuten, das man außerhalb des Felsenrunds von Twyfelfontein auf einer Steinplatte fand. Konfrontiert man die San mit den Motiven, geben sie sich ehrfurchtsvoll. Ihrer Ansicht nach haben Götter die Bilder gefertigt. Dass es die eigenen Vorfahren waren, ist in Vergessenheit geraten.

Aus der Kinderstube der Erde

Vor etwa 300 Millionen Jahren wuchsen im südlichen Afrika riesige Nadelwälder aus Araukarien verwandten Bäumen. Umgestürzte Exemplare wurden durch angewehten Sand vor dem zersetzenden Einfluss der Luft geschützt und durch eindringende Kieselsäure konserviert, und so versteinerten die Stämme. Die Kräfte der Erosion legten sie schließlich wieder frei, und heute sieht man die steinernen Bäume, an denen von den Astgabeln bis hin zu den Jahresringen alle Einzelheiten hervorragend erhalten sind, wild durcheinander gewürfelt auf einem zum »Nationalmonument« erklärten Gelände in der Nähe von Khorixas herumliegen. Das Wirrwarr erklären sich Geologen damit, dass die Stämme wahrscheinlich durch urzeitliche Flüsse hier angeschwemmt wurden. Auch Reisende, die sich im Alltag nicht für Geologie interessieren, stoßen in Namibia allerorten auf so reizvolle und verständliche Beispiele für die Entstehungsgeschichte unserer Erde, dass sich die Freude an der Beschäftigung mit geologischen Prozessen wie von selbst einstellt. Alleine die Schichtungen in Felsschluchten wie bei Sesriem oder dem Kuiseb-Canyon erzählen spannende Geschichten von mal langsam, mal schnell fließenden Wassern, von Erdhebungen, -senkungen oder von ausbrechendem Magma, das Felsspalten füllt und sprengt. Der Versteinerte Wald lässt Bilder urzeitlicher Wälder und Sümpfe entstehen, die das heute so trockene Land bedeckten. Und die »Orgelpfeifen«, nicht weit von Twyfelfontein, sind Überreste eines unterirdischen Ausbruchs flüssiger Magma, die in Felsspalten eindrang und erkaltete. Der so entstandene Basaltstein widerstand den Kräften der Erosion besser als das ihn umhüllende Material. Es wurde abgetragen und legte die wie die Pfeifen einer Orgel angeordneten Quader aus Basalt frei.

Das Land der Himba

Von Khorixas nach Norden erstreckt sich eine von unwegsamen Pässen und zerklüf-

1 *Die Himba züchteten schon früh Rinder.* – 2 *Der Kopfschmuck der Himba-Frauen wurde nicht wie bei den Hetero von den Kolonialherren beeinflusst.* – 3 *Ein Himba in traditionellem Lendenschurz.* – 4 *Das Brandbergmassiv ist ein riesiger Spielplatz für unzählige Insekten.* – 5 *Das Rhinoceros bleibt lieber im Etosha Reservat.*

4

5

1

2

teten Gipfeln dominierte Landschaft, die im Jahr 1947 zum Reservat der Herero erklärt wurde. Nördlich des Veterinärzauns gelegen, war dieses Kaokoveld eine Art exterritoriale Zone, in der die Himba – mit den Herero verwandte, aber noch als Nomaden lebende Viehzüchter – weitgehend unbehelligt von der Doktrin der Apartheid ihre Rinderherden weiden konnten. Dies änderte sich erst mit Ausbruch des Befreiungskrieges, den die SWAPO von angolanischen Lagern jenseits des Kunene aus in das nördliche Namibia trug. Opuwo, eine unscheinbare Siedlung am Ostrand des Kaokoveld, wurde Stützpunkt des südafrikanischen Militärs, und die Himba, deren Geländekenntnis man brauchte, wurden in den Kriegsdienst gepresst. Viele gingen allerdings auch freiwillig, denn für sesshafte Völker wie Ovambo hatten die Nomaden ohnehin nur Verachtung übrig, und der Befreiungskampf kümmerte sie nicht. Nach der Unabhängigkeit Namibias rächte sich diese Arroganz. Wie die San wurden auch die Himba von den Ovambo-Siegern als »Wilde« tituliert und links liegen gelassen. Doch anders als die San steckten die Himba jede Schikane weg, und die meisten blieben, was ihre Väter und Großväter waren: Rinderzüchter und Nomaden. Heute sind die Herden nach mehreren guten Regenjahren so groß, dass man einige ihrer nach wie vor in Leder gewandeten Besitzer als Millionäre bezeichnen könnte.

Wer in Warmquelle oder Opuwo heute die züchtig verhüllten Frauen der Herero neben ihren nur mit einer Art Lendenschurz aus Fell und sehr viel Eisen- und Kupferschmuck bekleideten Himba-Schwestern durch die Straßen promenieren sieht, kann kaum glauben, das beide zum selben Volk gehören, doch Zeichnungen und Fotografien aus den Anfangsjahren der deutschen Kolonie zeigen, dass Herero sich früher ebenso offenherzig gaben. Bis zur Ankunft der Missionare führten alle Herero ein Leben, wie es heute noch im Kaokoveld die Himba tun. Sie züchteten Rinder und zogen mit ihren Herden von Weide zu Weide. Im Kontakt mit den Weißen übernahmen sie deren Religion und Kleidung und wurden schließlich sesshaft. Nur die Himba in ihrer unzugänglichen Gebirgsheimat blieben von dieser Entwicklung unbehelligt.

Die Rinder

Im Zentrum ihres wirtschaftlichen wie auch des rituellen Lebens stehen die Rinder. Der Besitz einer großen Herde verschafft hohes gesellschaftliches Ansehen und ist deutlicher Ausdruck des Wohlstands, wenngleich die Rinder selbst nur selten Gegenstand wirtschaftlicher Transaktionen sind. Verkauft werden sie kaum, und geschlachtet wird ein Tier höchstens bei wichtigen zeremoniellen Anlässen. Die Himba nutzen nur die Milch, aus der sie eine Art Sauermilch beziehungsweise Butter herstellen; wenn Fleisch gegessen wird, stammt es von Kleinvieh wie Ziegen. Neben den »normalen« Rindern gibt es in der Großfamilie auch einen »Ahnenbullen«, der eine besondere rituelle Funktion hat und die Familie mit den Vorfahren verbindet.
Die große Bedeutung der Rinder drückt sich in Kleidung, Frisuren und im ästhetischen Empfinden der Menschen aus. Der rötliche Glanz der Haut stammt von einer Paste aus Butter und Rotholz, mit der sich die Mädchen und Frauen einreiben, damit ihr Körper schimmert wie das Fell eines

1 *Die Himba interessieren sich zwar für die westliche Kultur, pflegen aber ihre eigenen Sitten und Bräuche.* – 2 *Der Lebensraum der Himba wird aktuell von einem Bauvorhaben, einem gewaltigen Stausees am Kunene, und der damit einhergehenden Überschwemmung ihres Landes bedroht.* – 3 *Die Dächer der Hütten sind unter anderem mit getrockneten Kuhdung gedeckt.*

Kälbchens. Junge Mädchen tragen ihre Haare in zwei dicken Zöpfen nach vorne geflochten, wo sie wie Hörner über der Stirn abstehen. Ehefrauen wiederum setzen eine dreieckige Fellhaube auf, deren

Ecken seitlich über den Kopf hinausragen und so ebenfalls Rinderhörner versinnbildlichen. In den matronenhaften Kappen hat sich diese Tracht und deren Symbolik auch bei den Herero-Frauen erhalten. Selbst das gängige Schönheitsideal orientiert sich ein wenig am Rind: Schmale Gesichter gelten als besonders attraktiv, und durch das Rasieren des Haaransatzes an der Stirn versucht man, dem Gesicht eine längliche Form zu geben. Ein ähnliches ästhetisches Empfinden und eine ebenso intensive Beziehung zu den Rindern gibt es auch bei anderen Rindernomaden wie den Massai; nicht zuletzt deshalb vermuten Ethnologen, dass die Herero ursprünglich aus Ostafrika stammen.

Traditionell leben die Himba in temporären Siedlungen, die leicht auf- und abgebaut werden können. Die Hütten, pontoks genannt, werden aus Zweigen und Ästen errichtet und mit einer Mischung aus Lehm und Rinderdung verputzt. Sie sind stets im Kreis um den Kral der Kälber angeordnet, damit die Jungtiere vor Raubtieren geschützt sind. Für das religiöse Empfinden der Himba von herausragender Bedeutung ist der Omumborongbonga – der Ahnenbaum; in den Siedlungen meist durch einen Busch symbolisiert. Ihm seien, so lauten die Mythen, die Vorfahren der Herero entstiegen. Vor der Häuptlingshütte brennt das heilige Feuer, das wie der Ahnenbulle und der Ahnenbaum die Verbundenheit mit den Vorfahren symbolisiert. Es darf keinesfalls verlöschen und wird normalerweise von einer unverheirateten Tochter des Oberhauptes gehütet.

Im Nordwesten

Hartmannstal, Marienfluss, Van-Zyl's-Pass oder Zebraberge – allein die Nennung dieser Namen aus dem Kaokoveld lässt das Herz der meisten Namibier höher schlagen. Die Landschaften des Nordwestens sind nur mit viel Mühe, Geduld und einem starken Geländewagen zu bereisen; die Orientierung ist schwierig, und es gibt kaum Möglichkeiten, Nachschub an Treibstoff oder Lebensmitteln zu bekommen. Die meisten Menschen, die das Kaokoveld besuchen, fahren Zivilisationsoasen wie die Palmwag-Lodge im nördlichen Damaraland oder Fort Sesfontein an und lassen sich von den Experten in die Wildnis bringen. Die Wege der Reisenden verlaufen dadurch in kontrollierten Bahnen, was der Natur und den Menschen im Kaokoveld zugute kommt.
Denn im Umgang mit den Himba kann ein unerfahrener Gast viele Fehler machen und die Menschen zutiefst beleidigen oder ihre sakrale Sphäre verletzen. Allein wohin man in einer Siedlung treten darf, ist genau festgelegt. Gerät man beispielsweise zwischen Pontok des Oberhaupts und das heilige Feuer, hat man einen Tabubruch begangen. Im Wortsinn überlebenswichtig ist das richtige Verhalten bei Begegnungen mit den berühmten

1 *Hier gelingt es nicht nur professionellen Fotografen, Traummotive zu schießen.* – 2 *Die Landschaft bietet so viele Facetten, da bleibt niemand die Schönheit Namibias verborgen.* – 3 *Solche Geröllfelder lassen sich nur mit dem Vierradantrieb eines Offroaders passieren.*

2

3

1

Wüstenelefanten, die durch die Trockenflussbetten ziehen. Im Gegensatz zu den Dickhäutern aus Etosha sind diese Tiere nicht gewöhnt, von Autos verfolgt und belagert zu werden. Ihr Fluchtraum ist durch die teils von Bergwänden begrenzten Flussbetten beschränkt, und häufig reagieren sie aggressiv. Fast jedes Jahr werden Touristen von den Wüstenelefanten verletzt – und stets ist der Grund falsches Verhalten und Missachtung der Anordnungen der Guides.

Noch ist das Kaokoveld also eine kaum erschlossene, archaische Region, doch die Zeichen stehen auf Veränderung: Seit Jahren verfolgt die Regierung das ehrgeizige Projekt, an den Epupa-Fällen ein Wasserkraftwerk und einen Staudamm zu bauen. Die Folgen dieses Eingriffs sind trotz zahlreicher Untersuchungen kaum abzusehen. Sie betreffen vor allem die Himba, ihre Lebensweise und ihren sakralen Bereich, denn das aufgestaute Wasser des Kunene würde die heiligen Gräber ihrer Ahnen überfluten – im religiösen Empfinden der Himba käme dies einer Katastrophe gleich. Doch das ist nur eine der vielen Folgen, die das Prestigeprojekt der namibischen Regierung für das Kaokoveld und seine Bewohner haben würde. Um Kraftwerk und Staudamm zu bauen, müssten zunächst Straßenverbindungen geschaffen werden. Die schwer befahrbaren, holprigen Pisten des Kaokoveldes würden durch Asphaltstraßen ersetzt, und plötzlich wäre die unwegsame und bislang nur von wenigen Menschen besuchte Region allen zugänglich. Welche Konsequenzen das haben könnte, lässt sich vortrefflich in Opuwo und Ruacana studieren, die dank der guten Verkehrsanbindung nicht nur von Touristen, sondern vor allem von Händlern besucht werden, die bei den Himba Leder, Felle, Schmuck gegen Alkohol eintauschen. Noch hat das Gift des weißen Mannes die Menschen nicht so nachhaltig angegriffen, wie dies bei den San der Fall ist – aber wenn der Damm gebaut wird, ist es wohl nur eine Frage der Zeit, bis auch die Resistenz der Himba schwindet.

Nachhaltig zerstört würde durch den Stausee auch das Mündungsgebiet des Kunene – heute ein wichtiger Lebensraum für Watvögel –, denn der Fluss würde dann weitaus weniger Wasser transportieren und die ökologischen Folgen für das nördliche Kaokoveld sind kaum abzuschätzen. Alle Argumente werden von der namibischen Regierung zwar gehört, aber nicht für so wichtig gehalten wie die erhofften Erträge, die durch das Kraftwerk winken: Namibia würde dadurch zum unabhängigen Stromerzeuger und könnte Überschüsse an die Nachbarländer liefern. Bis heute werden Expertisen und Gegenexpertisen aufgeboten, eine Entscheidung über den Bau steht nach wie vor aus; und vielleicht wird das umstrittene Projekt ja einfach an der Finanzierung scheitern.

»Töte, wenn du willst, aber gib nicht vor, die Leute um Erlaubnis zu bitten. Töte sie wenigstens richtig!« –, so klingt die Reaktion der Himba auf die Staudammpläne. Chief Katjira Muniombara soll diesen Satz zu Namibias ehemaligem Premier Hage Geingob gesagt haben.

1 *Oryxantilopen sind an das Leben ohne Wasser für längere Zeit angepasst. Ähnlich wie Kamele kommen sie mit einer sehr hohen Körpertemperatur gut zurecht.* – 2 *Wohingegen wir Menschen bei unserer Reise durch die Wüste vor lauter Faszination auf keinen Fall das Wasser vergessen dürfen.*

1

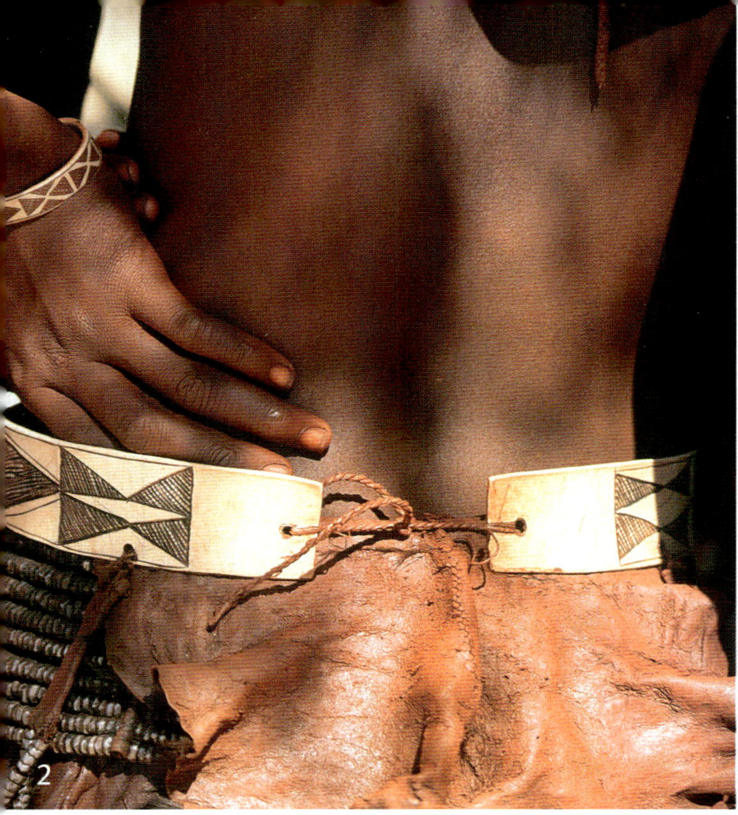

2

3

1 *In der Kultur der Himba spielen Frisuren, Kleidung und Schmuck eine sehr wichtige Rolle.* – 2 *Im Allgemeinen sind die Himba-Frauen bis auf einen kurzen Schurz aus gegerbtem Ziegenleder unbekleidet.* – 3 *Sie reiben aber ihre Körper von Kopf bis Fuß mit einer Mischung aus rotem, pulverisiertem Eisenoxid, Butterfett, Kräutern und dem Harz des Omuzumba-Strauches ein.* – 4 *Dies gilt auch für Haare, Schurz und Schmuck.* – 5 *Ist ein Himba-Mann in eine Frau verliebt, erhält die Dame von ihrem Auserwählten einen bestickten Gürtel, der nun täglich über dem Lederschurz getragen wird, so dass er für jeden sichtbar ist.*

4

5

Die Felsbilder der San auf der Spitzkoppe markieren deren Aussichtspunkte. Die San beobachten, wie sich die Antilopenherden bewegen und prägen sich ihre Wege ein. Dieses Wissen kommt ihnen bei der Jagd zugute.

Nachfolgende Doppelseite

Die Kunene bildet die nördliche Grenze Namibias. Diesseits und jenseits des Flusses und der Epupa Falls leben die letzten Nomaden Südwestafrikas, die Himba.

Im Land der Ovambo

Nördlich von Etosha und östlich des Kaokoveldes bildet der Fluss Kuvelai ein Binnendelta mit ungezählten schmalen Wasserarmen und Kanälen. Wie das Okavango-Delta weiter südöstlich profitiert auch diese Region von den Regenfällen im Hochland Angolas, die als Flut, efundja, Monate später das Delta des Kuvelai erreichen und sich in den oshana genannten Wasserarmen verteilen.

Blick auf dne Kunene Fluss bei Ruacana. Er führt das ganze Jahr über Wasser und bildet ab Ruacana westwärts die natürliche Grenze zu Angola.

Das schwarze Herz

Kuvelai - Ovambo - Oshakati - Ondangwa

Am schönsten ist sicherlich die Zeit der großen Flut im Land der Ovambo. Die Menschen können Fische mit der bloßen Hand fangen, so heißt es, und es gibt Wasser im Überfluss, um die Gärten und Felder zu bestellen. Wann genau die Ovambo in diese Region eingewandert sind vermögen Mythen nicht exakt zu fixieren. Es wird wohl um das 16. Jahrhundert gewesen sein. Im Gegensatz zu den Herero waren sie Ackerbauern, und die so fruchtbare Oase des Kuvelai erschien ihnen als ein ideales Siedlungsgebiet. Dörfer und Felder wurden auf den Hügeln zwischen den Wasserarmen angelegt. Mit den San pflegte man Handelsbeziehungen, nachdem man sie zunächst aus der Region vertrieben hatte. Allmählich entwickelte sich in Nordnamibia ein sehr eigenständiges Gemeinwesen, das weder mit den Völkern weiter südlich noch mit deren Kriegen und Kämpfen in Berührung kam.
Dies änderte sich auch durch die Kolonisierung nicht – Ovamboland wurde zwar formell unterworfen, doch nie durch Militär oder Polizei besetzt. Die traditionellen Oberhäupter, die jeder der acht Hauptgruppen vorstehen, regelten weitgehend autonom die Belange ihrer Gemeinschaften. Das Oberhaupt der Kwanyama besitzt zudem als »Regenmacher« eine wichtige rituelle Funktion und ist als König höchster politischer wie sakraler Führer aller Ovambo. Individuellen Grundbesitz gibt es nicht, vielmehr vergibt der König an seine Untertanen das Recht, ein Stück Land zu bewirtschaften.

Die hierarchische Gesellschaftsstruktur unterscheidet die Ovambo von den Nama und Herero, die bis zur Kolonisierung nur in lockeren Verbänden und sehr häufig auch gegeneinander agierten. Abstammungs- und Vererbungslinien laufen bei den Ovambo über die mütterliche Familie, doch hat sich das heute unter dem Einfluss der christlichen Mission geändert, die Position des väterlichen Verbandes und damit auch der Vater selbst wurden gestärkt. Auch die Polygamie sollte aus dem Leben der Ovambo verschwinden, sie hat sich aber nur gewandelt: Hatten Frauen früher als offiziell anerkannte Gattinnen Rechte und einen gesellschaftlichen Status, befinden sie sich heute als »Geliebte« in rechtloser und sozial völlig ungesicherter Position. Fast alle Ovambo sind heute Christen; die alten Kulte, die ähnlich wie bei den Herero um die Ahnen kreisen, werden unter dem christlichen Gewand weiter praktiziert; auch der Glaube an Hexerei ist weit verbreitet.

Die dicht besiedelte Region – etwa 700 000 Menschen leben hier – bot den Weißen seit ihrer Ankunft viele Arbeitskräfte. Unter südafrikanischer Ägide wurden den Ovambo für die Diamantenminen angeworben, später auch für den Einsatz beim Uranabbau. Auch die Farmer schätzten die Zuverlässigkeit und den Arbeitseinsatz der Ovambo immer mehr – Eigenschaften, die sie bei den »arroganten« Herero und den Nama vermissten. So wurde die Region nicht so sehr durch politische Kontrolle, sondern durch das System der Kontraktarbeit »erschlossen«. Immer mehr Männer verließen ihre Dörfer, um im Süden zu arbeiten. Zurück blieben Alte, Frauen und Kinder, auf deren Schultern die Last der Haus- und Feldarbeit ruhte.
In den Reihen dieser Männer, die weitab ihrer Heimat in tristen Townships untergebracht wurden, keimte der erste Widerstand gegen die südafrikanische Dominanz: Die SWAPO (South West African People's Organization) wurde gegründet, und Sam Nujoma, ein Minenarbeiter, entwickelte sich zu deren charismatischem Führer. Lautstark und mit Unterstützung der UNO forderte er die Unabhängigkeit für Namibia. Im Jahr 1966 nahm die SWAPO ihren bewaffneten Kampf auf. Ihre Basen lagen in Südangola, von wo aus die Guerilla nach Nordnamibia vorstoßen konnte. Der Krieg zwischen

Die Bevölkerung der Region Oshikoto ist in den vergangenen Jahren spürbar gewachsen. Das hängt zum Teil mit der Umverteilung innerhalb des oshivambosprachigen Gebiets zusammen.

ONAMBULA SPECIAL CENTRE
MINI-MARK T
&
BAR
065-251071
1

CASTLE
LAGER
WELCOME
LION
LAGER
2

SWAPO und dem südafrikanischen Militär wurde im Norden ausgetragen. Orte wie Rundu und Opuwo waren die Basen, von denen aus die RAS operierte. Und obwohl die UNO Südafrika 1973 das Mandat für Namibia entzog, konnten sich die Vertreter Südafrikas, Angolas und Kubas erst Ende des Jahres 1988 darauf einigen, in Namibia freie Wahlen unter Beteiligung der SWAPO zuzulassen. Im Gegenzug verpflichtete sich Kuba, seine in Angola stationierten Truppen abzuziehen. Ein Jahr später wurde unter UNO-Aufsicht gewählt: Die SWAPO erhielt die absolute Mehrheit, Sam Nujoma war neuer Präsident und am 21. März 1990 wurde die Unabhängigkeit Namibias proklamiert.

Ossis in Namibia

Etwa 13 000 Tote hatte der Befreiungskampf gefordert. Menschen wurden gefoltert, viele werden bis heute vermisst. Knapp 300 Ovambo-Kinder wurden als Kriegswaisen in die ehemalige DDR geflogen und in Kinderheimen untergebracht. Sie gingen in der DDR zur Schule, lernten Deutsch und verdrängten die Erlebnisse des Krieges. Die meisten waren bei ihrer Flucht aus Namibia so jung, dass sie sich weder an die Heimat noch an ihre Eltern erinnern konnten. Und obwohl sie in der DDR auch von Ovambo-Betreuern versorgt wurden, ging die Kenntnis der Muttersprache so gut wie verloren.

Kurz vor der deutschen »Wende« im Herbst 1989 wurden diese Ovambo wieder zu ihren Familien zurückgeschickt. Da die Eltern tot waren, wurden sie zu entfernten Verwandten abgeschoben. Die Kinder – viele inzwischen junge Erwachsene, europäisch sozialisiert, mit deutschem Schulabschluss – fanden sich plötzlich in einer unbekannten Welt. Auf Strohmatten schlafen, Hirse stampfen, Vieh auf die Weide treiben, die Felder bearbeiten und gegen ihren Willen verheiratet werden: So hatten sie sich ihr Leben nicht unbedingt vorgestellt. Sie verstanden die Sprache kaum, die Kultur überhaupt nicht und fühlten sich ausgebeutet. Viele flohen aus ihren Dörfern im Ovamboland, schlugen sich durch nach Windhoek und fanden auch hier keine neue Perspektive – sie waren doppelt entwurzelt. Erst mithilfe deutschstämmiger Familien wurden Patenschaften vermittelt und Ausbildungsmöglichkeiten geschaffen.

Vor allem im touristischen Bereich sind viele der »Ossis«, wie sie sich nennen, untergekommen. Besucher aus dem vereinten Deutschland empfangen sie in schönstem Sächsisch.

Ein Blick in die Zukunft

Zu den wichtigsten Anliegen von Sam Nujoma gehörte es, die Abhängigkeit des Ovambolandes von den Industrie- und Handelszentren weiter südlich zu verringern und das System der Wanderarbeit zu durchbrechen. Folglich wurde viel Geld in den Ausbau des Nordens und seiner beiden Städte Oshakati und Ondangwa gesteckt; die Straßen wurden asphaltiert, Schulen und Kliniken eingerichtet und man versuchte, Industrie und verarbeitende Betriebe ins Ovamboland zu locken. Es gibt erste, bescheidene Erfolge, aber noch heute muss das Gros der Arbeitswilligen, zu denen inzwischen auch immer mehr Frauen zählen, ihren Job fern von zu Hause suchen. Die Kolonnen der überladenen Sammeltaxen rasen freitags von Süden nach Norden und Sonntagnacht zurück von Norden

1 *Die Frauen hüten Haus und Hof, während die Männer in den Süden ziehen, um zu arbeiten.* – 2 *Viele junge Mädchen halten sich nicht mehr an die tradierten Rollenvorstellungen und bemühen sich darum, selbst in den Süden zu kommen.* – 3 *Mädchen verkaufen ihr Handgefertigtes und sparen das Geld.*

nach Süden über die B1. Das Geld, das die Menschen weit weg verdienen, ist der wichtigste Wirtschaftsfaktor im Ovamboland.
Die Förderung der Region im Norden wird von den anderen Volksgruppen Namibias sehr aufmerksam beobachtet. Klar, dass man Nujoma Vetternwirtschaft unterstellt und gerne Gerüchte über die persönliche Bereicherung der Ovambo-Minister bei Projektvergaben erzählt.
Kritisch wird auch die Überzahl der Ovambo in Polizei und Militär registriert, und mit großer Besorgnis sehen die anderen Namibier, dass sich ausgerechnet unter den Völkern des Nordens, darunter besonders unter den Ovambo, Aids wie ein Lauffeuer verbreitet. Mit 25 Prozent HIV-Infizierten in der Gruppe der 16- bis 48-Jährigen hatte Namibia eine der höchsten Raten in Afrika. Und diese Menschen gehörten zum großen Teil der Volksgruppe der Ovambo an. Obwohl die Regierung früh und sehr energisch mit Aufklärungskampagnen auf die Entwicklung reagiert hat, stieg die Zahl der Infizierten. Durch die hohe Sterblichkeit war die durchschnittliche Lebenserwartung der Namibier drastisch gesunken: Betrug sie im Jahr 1997 noch 57 Jahre, war sie im Jahr 2007 auf etwa 43 gefallen; monatlich starben 1000 Menschen an der Seuche.
Hinter dem idyllischen Bild, das Ovamboland seinen Besuchern zeigt, sobald sie die städtische Zone Ondangwa/Oshakati hinter sich gelassen haben, verbergen sich also viele Probleme, die nicht nur die Ovambo, sondern ganz Namibia betreffen.
Arbeitslosigkeit, die ungerechte Landverteilung, die Probleme der infrastrukturellen Erschließung abgelegener Regionen und Aids – dies alles sorgt für politischen Sprengstoff. Die namibische Regierung müsste Wunder vollbringen, um alleine die Landfrage auf eine für alle befriedigende Weise zu lösen. So wie sie es heute macht – enteignet werden darf nur Land, das nicht wirtschaftlich genutzt wird, und dies nur gegen Entschädigung – wird es lange dauern, bis sich die Eigentumsverhältnisse grundlegend gewandelt haben. Ob sich die Arbeits- und Landlosen so lange gedulden werden? Und was sollen sie dann auf einem Grund und Boden, der in kleinen Einheiten weder für Ackerbau noch zur Viehzucht taugt? Um den Balanceakt, die Interessen der Wirtschaft, des Naturschutzes und des großen Heers der Menschen ohne Arbeit unter einen Hut zu bringen, ist die namibische Regierung nicht zu beneiden.
Was wohl die Frau von der großen Politik hält, die ein Kind auf dem Rücken gebunden und die Handelsware auf dem Kopf balancierend am Oshana entlang vom Markt nach Hause geht? Was die Männer darüber denken, die im Schatten der Makalani-Palmen auf dem Dorfplatz eine Runde Owela im Sand spielen, der Junge, der ein paar magere Rinder mit rhythmischem Zungenschnalzen vor sich her treibt? Auf dem Land ist die Welt für die meisten noch in Ordnung, so lange der Regen ausreichend fällt und die Flut genau dann kommt, wenn die Alten sie erwarten. Nur die Jugend mag damit nicht mehr zufrieden sein.

1

1 *Ovamboland ist die am dichtesten besiedelte Region Namibias.* – 2 *Die Landarbeit wird in den ruralen Regionen des Ovambolandes nach wie vor mit den einfachsten Mitteln erledigt- hier Männer beim Getreidedreschen.* – 3 *Auf dem Markt in Oshakati gibt es einiges Unbekanntes zu sehen und zu probieren.*

2

3

1

2

1 *Wenn sich die Oshanas im Ovamboland mit Wasser füllen, können die Bauern auf ihren Feldern Fische fangen.* – 2 *In den so genannten Cuca Shops gibt es einheimisches Bier aus dem Ovamboland.* – 3 *Die Einwohner nutzen hier alles möglichst effektiv.* – 4 *Im Craft Center in Oshikoto stellen Frauen Kunstgegenstände in Handarbeit her.* – 5 *Die Ovambo bilden die größte Bevölkerungsgruppe im heutigen Namibia.* – 6 *Ursprünglich verdingten sich die Ovambo als Ackerbauern, heute halten sie auch Tiere.*

1

2

Namibias Top Ten

Windhoek

Namibias Hauptstadt besticht mit kolonialen Bauten und postmoderner Architektur, mit einer kuriosen und zugleich faszinierenden Mischung aus Europa und Afrika: Historische Fachwerkhäuschen ducken sich neben Glaspaläste, Ritterburgen stehen von Aloen umkränzt auf Hügeln, martialische Denkmäler grüßen aus dem Schatten filigraner Palmwipfel. Alles, was das Herz begehrt, kann man hier käuflich erwerben: Khaki-Kleidung und robustes Schuhwerk, Literatur, afrikanische Antiquitäten und Kolonial-Memorabilia. In Museen, Galerien und Konzertsälen werden Namibias Traditionen ebenso präsentiert wie zeitgenössische Kunst, europäische Klassik ebenso wie Namibia-Rap. Ob man nun shoppen geht, die Straßenmärkte erkundet, im Konservatorium klassischen Konzerten lauscht oder in den Diskos tanzt – Windhoek ist ein Hotspot. Hierher kommen die Menschen aus den ländlichen Regionen, um die neuesten Informationen zu erhalten und um etwas Kultur zu tanken.

Etosha

Ein Salzsee, fast so groß wie der Bodensee, ist die Attraktion des Landes: Die flirrend weiße Ebene, sieht aus, als könnte hier nichts und niemand überleben. Und dennoch: An seinen Rändern bilden Dornenbuschwerk, Akazien und Mopanebäume einen fruchtbaren Rand, der einer vielfältigen Tierwelt Nahrung bietet: In riesigen Herden wandern Elefanten, Giraffen, Zebras, Antilopen und Gnus über die Weiden und zu den Salzlecken am Rand der *pan*. Hyänen, Leoparden, Geparde und Löwen finden hier einen reich gedeckten Tisch vor. Besucher fahren dem Wild folgend auf den mäandernden Pads an der Salzpfanne entlang von Wasserloch zu Wasserloch. Genächtigt wird in historischen Bauten oder modernen Bungalows mitten im Park, und in der Dunkelheit gilt es, die nachtaktiven Tiere an den beleuchteten Wasserlöchern zu bestaunen.

Swakopmund

Eine Puppenstube am Atlantik, mit Straßen, breit genug, dass einst die Ochsenkarren mit ihren 20 Zugtieren wenden konnten, gesäumt von Häusern und Villen in feinstem Jugendstil, mit Denkmälern auf grünem Rasen und zwischen Palmen, die an die Kolonialzeit erinnern. Filterkaffee und Schwarzwälder Kirschtorte im »Café Anton« sind ebenso typisch wie Austern im »The Jetty«. Swakopmund ist die Sommerfrische des Landes: Weil es hier im Sommer kühler ist als im Hochland, kommen Windhoeker wie Farmer gerne für die Ferien an den Atlantik.

Sossusvlei

Die höchsten Sterndünen der Welt, geschützt in einem Nationalpark, sind schon alleine eine Reise wert. Nach einem langen Spaziergang entlang eines Dünenkamms bis zum höchsten Punkt hat man eine fantastische Rundumsicht, und wenn die Regenzeit gut war und der Tsauchab bis in die Namib-Wüste Wasser führte, spiegeln sich die Sandberge in der Wasserfläche tief unten. Kommt dann noch der Sonnenuntergang hinzu, ist das Fotomotiv perfekt: ein blauer, gespiegelter Himmel, Dünen in allen erdenklichen Gelb- und Rotschattierungen, fast grafisch und unendlich wirkende Sandwellen.

Naukluft-Gebirge

Düster ragt das Naukluft-Gebirge aus der Rand-Namib, ein Massiv, lange Zeit als uneinnehmbar geltend und darum Schauplatz diverser Schlachten zwischen deutschen Kolonialtruppen und Nama. Heute ist das Gebirge Ziel für Wanderer und Trekker, die seine majestätische Landschaft in einer einwöchigen Wanderung erforschen, steil hinaufsteigen in tiefen Klammen, hinab in die Täler wandern, wo sie üppige Vegetation empfängt, über steile Flanken, sich an Ketten über Abgründe hangelnd und immer wieder der großen Schlangenpopulation ausweichend. Die Naukluft ist Natur pur: schroffe Felsen, liebliche

1 *Die Stadt Kolmanskop versinkt im Sand.* – 2 *Ein Bild von Reisenden – die Camping Adventures Tour's 4x4 bietet Trips durch Namib und den Naukluft Nationalpark an.* – 3 *Auch deutsche Farmnamen erinnern noch an die Kolonialzeit.*

Täler, schilfbewachsene Ufer von Bächen und Flüsschen und eine vielfältige, bunte Vogel- und Tierwelt.

Fish River Canyon

Nur der Grand Canyon ist noch größer als das tiefe Tal des Fischflusses. Ob man den Fish River über 90 Kilometer der Länge seines Tales nach durchwandert oder ihn »nur« von oben genießt: Die Flanken der Schlucht sind grandios, wenn sie in der auf- oder untergehenden Sonne rötlich-braun erstrahlen und die vielen Bodenschichten zur Schau stellen, die sich in der Erdgeschichte übereinanderlagerten. Millionen Jahre reicht der Blick hier ins Innere unserer Welt – und lässt den Betrachter schrumpfen.

Kolmanskop

Zufällig fand ein schwarzer Bahnarbeiter Diamanten im Wüstensand, und im Südwesten von »Südwest« brach das Diamantenfieber aus. Im Hinterland von Lüderitzbucht entstanden allerorten Siedlungen, erst behelfsmäßig für die ersten Digger, dann mit aufkommendem Reichtum zunehmend luxuriöser – man zeigte, was man hatte. Die Digger zogen weiter, die Städtchen wie Kolmanskop wurden verlassen, die Wüste holte sich zurück, was ihr einst gehörte. Dünen überspülen die Wohnhäuser und Kasinos, Badewannen sind mit Sand statt Wasser gefüllt – eine Geisterstadt im Diamantensperrgebiet.

Kaokoveld

Hoch im Nordwesten des Landes, nur auf Tage währenden Fahrten über ruppige Pisten erreichbar, siedeln die Himba. Das stolze Volk nomadisiert mit seinen Rinderherden wie eh und je und denkt nicht daran, seinen Lebensstil den vermeintlich modernen Erfordernissen anzupassen. Die Himba bewahren ihre Traditionen wie die auffällige Kleidung aus Lederschurz und Kupferschmuck sowie die Gewohnheit, ihre Körper mit rostroter Paste vor Sonne und Insekten zu schützen. Ihr Lebensraum, das Kaokoveld, ist eine unwegsame Landschaft, kaum erschlossen. Wer hierher kommt, will Natur und sonst nichts – die Zebraberge sehen, den Van-Zyl's-Pass bewältigen, das Hartmann-Tal durchqueren, dem Marienfluss folgen – und mit etwas Glück (und gehöriger Vorsicht) den legendären Wüstenelefanten begegnen.

Skeleton Coast

»Skelettküste«, wer fängt bei diesem Wort nicht zu träumen an? Mit karg wäre die Landschaft unzureichend beschrieben – hier herrscht das Nichts. Eine Wüste am Meer, die sich Dutzende Kilometer ins Landesinnere zieht, Sperre für viele Gestrandete, deren Schiffe als Wracks noch heute zu sehen sind, eine Barrierre, die sich nicht durchqueren ließ. Wer hier an Land geworfen wurde, war Hunger, Durst und Raubtieren wehrlos ausgeliefert. Doch wer genauer hinsieht, sieht mehr als das Nichts. Ein Mikrokosmos der Pflanzen- und Tierwelt lebt und gedeiht hier: Flechten, Käfer, Schlangen geben sich ein Stelldichein, und in den Trockenflusstälern Richtung Landesinneres trotten Elefanten, hoppeln Paviane, knabbern Nashörner am mageren Grün, schleichen Löwen durchs Dickicht. In dieser wasserlosen Landschaft gedeiht auch die berühmteste und älteste Pflanze des Landes: die *Welwitschia mirabilis*, das Wunder im Sand.

Victoria Falls

Sie sind nicht die größten, die längsten oder die tiefsten Fälle der Welt, doch gibt es keine anderen, die gleichzeitig so lang und so tief sind und über deren Kante so viel Wasser stürzt. Man erreicht die Viktoriafälle mit dem Flugzeug von Windhoek in zwei Stunden oder mit dem Auto in zwei Tagen den Caprivi-Strip entlang. Stunden kann man an der »Donnernden Gischt« zubringen, und wer des Wassers schließlich müde ist, unternimmt Wildbeobachtungsfahrten in der Umgebung oder betätigt sich als Rafter, Abseiler, Bungee-Jumper oder Ähnliches.

1

2

Festivals & Events

Ahnengedenktag in Okahandja

Namibias spektakulärstes und buntestes Fest ist der Ahnengedenktag der Herero, der hier meist am letzten August-Wochenende gefeiert wird. Auf diesem Fest der Maharero-Herero paradieren die Männer in prächtigen Fantasieuniformen, die Frauen besuchen in viktorianischer Tracht die Gräber der berühmtesten Häuptlinge.

Nama-Feste

Bei den Bondelswart-Nama im südnamibischen Warmbad wird jeweils am letzten Oktoberwochenende ein Fest gefeiert, bei dem ausgiebig marschiert wird. Man erinnert sich an den historischen Kampf zwischen dem Nama-Kapitän Jan Christiaan Abraham und dem Leutnant der Schutztruppe Walter Jobst. Beide Männer fanden dabei 1903 den Tod und wurden in Warmbad begraben. Auskunft über die genauen Festtermine erteilt Namibia Tourism, Schillerstr. 42–44, 60313 Frankfurt/M., Tel. 069/133 73 60, www.namibia-tourism.com

Karneval in Südafrika

Die deutschen Siedler und auch die später Zugewanderten haben zahlreiche Traditionen aus der Heimat bewahrt. Unter afrikanischer Sonne mögen Funkenmariechen und Büttenredner etwas seltsam erscheinen, doch der Karneval in den Hochburgen Windhoek und Swakopmund zählt zu den Höhepunkten des Jahres und wird nicht nur von den Deutschen ausgiebig gefeiert. Damit alles klappt, feilen die Karnevalsvereine das ganze Jahr über eifrig an ihrer Show und basteln die schrillsten Wagen für den Umzug. Der Karneval schließt mit einem Umtrunk mit Büttenreden.
Die Termine fallen meist auf Ende April/Anfang Mai in Windhoek und Ende August in Swakopmund.

Windhoek Show

Die »Windhoek Show« im Oktober ist nicht nur ein Pflichttermin für alle, die in Namibia Landwirtschaft betreiben, sondern für Vertreter aller Wirtschaftszweige, auch des Tourismus. Die erste Veranstaltung dieser Art fand übrigens 1899 statt, 22 Aussteller nahmen daran teil. Präsentiert wird alles, was in Namibia hergestellt wird; Hauptattraktion aber ist das Vieh, dessen Auktionen Massen von Besuchern anziehen. Denn welche neuen Züchtungen sich als besonders geeignet für den ariden Lebensraum erweisen, ist überlebenswichtig für die Farmer.

Desert Dash

Sportliche Höchstleistungen werden den Teilnehmern des »Desert Dash« Mitte Dezember abverlangt. In zwei Tagen legen die Teilnehmer auf ihren Mountainbikes die 340 km lange Strecke von Windhoek nach Swakopmund zurück, überwinden dabei – stets bergab – einen Höhenunterschied von fast 2000 Metern und durchqueren die wasserlose Wüste Namib.

/Ae//Gams Festival

Eine seit Jahren äußerst beliebte Veranstaltung in Windhoek ist das »/Ae//Gams Festival« (die // gehören dazu!), das immer Anfang September stattfindet. In den Theatern und auf Open-Air-Bühnen treten dabei zahlreiche bekannte und unbekannte namibische Künstler auf. Das Motto der Veranstaltung ist: Ombazu jetu, outonga uetu – unsere Kultur, unser Stolz! Multikulti ist Trumpf, und zumindest bei diesem Fest hat man das Gefühl, dass wirklich alle Barrieren zwischen den vielen Völkern Namibias gefallen sind.

Enjando Street Festival

Im September präsentieren auf Windhoeks Indepence Avenue alle namibischen Volksgruppen ihre Traditionen mit Musik und Tanz.

Silvester

Namibias größte Silvesterparty steigt in Swakopmunds »Amphitheater«, einem natürlichen, von Sanddünen eingerahmten Rund in der Namib-Wüste, das Bands und DJs in einen Hexenkessel verwandeln. Auskunft über die genauen Termine erteilt Namibia Tourism.

1 *In der Bäckerei Probst in Walvis Bay gibt es sogar Schwarzwälder-Kirsch-Torte.* – 2 *Auf der Weberfarm in Kiripotib werden hochwertige Karakulteppiche hergestellt.* – 3 *Relikte aus vergangenen Zeiten vom Wüstensand bearbeitet.*

Zeittafel

25000 Jahre v. Chr.
Ritzungen von Giraffen auf Steintäfelchen, gefunden in der »Apollo-14-Höhle« in den Huns-Bergen, sind die ältesten Zeugnisse schöpferischen Schaffens in Afrika.

1486
Der portugiesische Seefahrer Diogo Cao geht im Dienste des portugiesischen Königs Johann II. mit seinen Mannen beim heutigen Cape Cross an Land und errichtet ein *padrao*.

1488
Bartolomeu Diaz umrundet das Kap der guten Hoffnung und setzt bei Lüderitzbucht sein *padrao* auf die Felsen.

16./17. Jh.:
Zuwanderung der rinderzüchtenden Herero und der sesshaften Ovambo aus dem ost- und zentralafrikanischen Bereich. Während die Ovambo in Nordnamibia und Südangola siedeln, ziehen die Herero stetig nach Süden, wo sie in Konflikte mit den Nama verwickelt werden.

18. Jh.
Die ersten Weißen überschreiten vom Kap kommend den Oranje und erkunden den Süden.

Um 1800
Die ersten Familien der Orlaam-Nama machen sich aus Südafrika nach Norden auf. Mit ihren Feuerwaffen brechen sie schnell den Widerstand der mit ihnen verwandten Nama-Gruppen in Namibia.

1806
Gründung der Mission Warmbad durch Missionare der London Missionary Society. 1814 lässt sich Heinrich Schmelen für die deutsche Mission in Bethanie nieder, 1844 legt Carl Hugo Hahn den Grundstein für die Mission Groß Barmen.

1876
Die Kap-Kolonie erklärt den Süden des heutigen Namibia zum Protektorat.

1883
Heinrich Vogelsang kauft im Namen seines Auftraggebers Adolf Lüderitz Land an der Südwestküste.

1884
Lüderitz' Grundbesitz wird unter deutschen Schutz gestellt.

1889
Curt von François, künftiger Gouverneur der Kolonie, trifft ein und errichtet das erste Fort.

1890
Helgoland-Sansibar-Vertrag: Der Caprivi-Strip wird Deutsch-Südwestafrika zugesprochen. Ein Jahr später wird Windhoek gegründet.

1904
Die Schlacht am Waterberg beendet den Aufstand der Herero. Bis 1907 werden auch die Nama unterworfen.

1914
Ausbruch des Ersten Weltkriegs. Südafrikanische Truppen dringen nach Deutsch-Südwestafrika vor. 1915 kapitulieren die Deutschen.

1945
Die UNO übernimmt das Mandat für Südwestafrika. Südafrika erkennt ihre Zuständigkeit nicht an und verwaltet Namibia weiterhin als fünfte Provinz.

1964
Die Odendaal-Kommission empfiehlt, Homelands für die einzelnen Ethnien Südafrikas und Namibias einzurichten.

1966
Beginn des bewaffneten Kampfes der SWAPO (South West African People's Organisation) im Norden Namibias.

1973
Die UNO erkennt die SWAPO als einzigen rechtmäßigen Vertreter Namibias an.

1989
Südafrika gewährt Namibia gegen den Abzug Kubas aus Angola die Unabhängigkeit.

21. März 1990
Verkündung der Unabhängigkeit. Nujoma wird Präsident.

1994
Rückgabe der Enklave Walvis Bay an Namibia.

1999/2000
Bei den Wahlen erringt Nujomas SWAPO die Zweidrittel-Mehrheit.

2005
Hifikepunye Pohamba folgt Nujoma nach.

2009
Erneut Zweidrittel-Mehrheit für die SWAPO bei den Parlamentswahlen.

2011
Der KAZA-Park, Afrikas größtes grenzüberschreitendes Naturschutzgebiet, wird gegründet.

2012
Die sinkende Zahl von Neuinfektionen belegt den erfolgreichen Kampf gegen HIV.

1

2

Übernachten & Genießen

Windhoek

Übernachten

Hotel Heinitzburg
Romantische Burg auf einem Hügel über dem Zentrum, sehr luxuriös. 22 Heinitzburg St, Tel. 061/24 95 97, www.heinitzburg.com

Fürstenhof
Angenehmes Komforthotel unweit vom Zentrum mit Pool und geschmackvoller Ausstattung.
4 Fran Indongo St, Tel. 061/23 73 80, www.proteahotels.com

Genießen

Leo's at the Castle
Elegantes Lokal, exzellente Küche, ausgesuchte Weine.
22 Heinitzburg St, Tel. 061/24 95 97

Nice
Spitzenadresse für gute Küche, Weine und Service, moderne Einrichtung. 2 Mozart/Ecke Hoseo Kutako St, Tel. 061/23 06 16

O' Portuga
Beliebter Portugiese mit Fisch- und Fleischküche. 321 San Nujoma Av, Tel. 061/27 29 00

Marmite
Afrikanische Küche in atmosphärischer Umgebung.
383 Independence Avenue, Tel. 061/24 03 06

Swakopmund

Übernachten

Hansa Hotel
Dezenter Luxus und perfekter Service im Herzen der Stadt. 3 Hendruk Witbooi St, Tel. 064/41 42 00, Fax 41 42 99, www.hansahotel.com.na

Eberwein
Garni-Hotel in luxuriöser Jugendstilvilla. Kaiser Wilhelm/San Nujoma Av, Tel. 064/41 44 50, www.eberwein.com.na

Sam's Giardino Hotel
Am Stadtrand mit schönem Garten und unter Schweizer Leitung. 89 Anton Lubowski Av St, Tel. 064/40 32 10, www.giardinonamibia.com

Genießen

Erich's
Ausgezeichnete Fischküche, auch vegetarische Gerichte.
21 Daniel Tjongarero Av, Tel. 064/40 51 41

The Tug
Angenehmes Lokal mit Meerblick. Strand St, bei der Landungsbrücke, Tel. 064/40 23 56

The Jetty
Der romantischste Platz in Swakopmund: Fisch und Sushi auf der Jetty. Tel. 064/40 56 64

Rund um Lüderitz

Übernachten

Nest Hotel
Luxuriöses Hotel in ruhiger Lage am Wasser, Pool im Innenhof, Privatstrand, Sauna. 820 Diaz St, Lüderitz, Tel. 063/20 40 00, www.nesthotel.com

Klein-Aus Vista
2 km außerhalb von Aus, zwischen Keetmanshoop und Lüderitz, wunderschön in die Landschaft eingepasste Unterkünfte unterschiedlicher Kategorien. Reit- und Wandermöglichkeiten. Tel. 061/23 00 66, www.gondwana-collection.com

Genießen

Nest Hotel
Exzellente Fischküche, Terrasse überm Meer. 820 Diaz St, Lüderitz, Tel. 063/20 40 00

Legends
Gutes à-la-Carte-Restaurant im Bistro-Stil. Bay Rd, Lüderitz, Tel. 063/20 31 10

Ritzis
Sehr guter, frischer Fisch! Waterfront, Lüderitzbucht, Tel. 063/129 93 11

Mariental und Umgebung

Übernachten

Sesriem Camp
Schöner Campingplatz am Eingang zum Sossusvlei. Über Namibia Wildlife Resorts Ltd.

Sossusvlei Lodge
Luxus am Eingang zum Sossusvlei, ausgezeichnete Küche, Pool. Tel. 063/29 36 36, www.sossusvleilodge.com

Gästefarm Büllsport
3 km von der Zufahrtsstraße zum Naukluft-Gebirge entfernt. Organisiert Wanderungen. Tel. 063/69 33 71, www.buellsport.com

Hammerstein Lodge & Camp
100 km von Maltahöhe auf der C 14 und der C 19, privat geführt. Tel. 063/69 31 11, www.hammerstein.com.na.

1 Der ehemalige Bahnhof von Swakopmund ist heute ein Luxushotel. – 2 Okaukeujo ist das älteste Touristencamp im Etosha Nationalpark. – 3 In Swakopmund bekommt man die Austern frisch aus dem Meer auf den Tisch.

Genießen

Sossusvlei Lodge
Die exzellente und vielseitige Küche der Lodge wird weithin gerühmt. Essen gibt's hier auch für Nicht-Hotelgäste.

Red Stone Restaurant
Deftige namibische Küche und sympathischer Service. Maltahöhe, Tel. 063/29 30 28.

Rund um Keetmanshoop

Übernachten

Canyon Nest Hotel
Schönes Traditionshaus. 5th Avenue, Keetmanshoop, Tel. 063/22 33 61, www.nesthotel.com

Rastlager Hobas und Ai-Ais
Am Fischfluss. Über Namibia Wildlife Resorts Ltd.

Cañon Roadhouse
Kleines Hotel unter charmanter Führung, 15 km von Hobas. Tolles Restaurant, Zeltplatz. Tel. 061/23 00 66, www.gondwana-collection.com

Helmeringhausen Hotel
Charmantes Haus mit Restaurant. Tel. 063/28 33 07, www.helmeringhausen.com

Genießen

Canyon Nest Hotel
Keetmanshoops beste Adresse für ein gediegenes Essen.

Schützenhaus
Nimmt auch auswärtige Gäste zum Essen auf. Pastrorie St, Keetmanshoop, Tel. 063/22 34 00

Etosha und Umgebung

Übernachten

Wildlife Resorts Okaukuejo
Im Etosha Nationalpark; über Namibia Wildlife Resorts Ltd.

Toshari Lodge
Mittelklasseunterkunft an der westlichen Zufahrt zum Etosha-Park, Tel. 067/33 34 40, www.etoshagateway-toshari.com

Etosha Garden Hotel
Aufmerksamer Service: Outjo, Tel. 067/31 31 30, www.etosha-garden-hotel.com

Vingerklip Lodge
Sehr luxuriöse Lodge, direkt neben der Vingerklip. Tel. 067/29 03 19, www.vingerklip.com.na

Waterberg Wilderness Lodge
8 km vom staatlichen Rastlager. Wanderungen auf dem Plateau. Tel. 067/68 70 18, www.waterberg-wilderness.com

Falkennest
Nettes B & B mit Pool. Industria Ave, Otjiwarongo, Tel. 067/30 26 16, otjbb@iafrica.com.na

Gästefarm Dornhügel
Angenehme Gästefarm 20 km von Grootfontein. Tel. 067/24 04 39, www.dornhuegel.com

Genießen

Kameldorn Garten
Günstige Südwester-Küche. 17 Hindenburg St, Otjiwarongo, Tel. 081/244 59 67

Minen Hotel
Sauerkraut und Braten. 7 Omeg St, Tsumeb, Tel. 067/22 10 71

Kaokoveld und Damaraland

Übernachten

Twyfelfontein Country Lodge
Großlodge ohne Charme, aber günstig. Nahe den Felszeichnungen gelegen, Tel. 061/37 47 50, www.namibialodges.com

Palmwag Lodge
Lodge mit großem Konzessionsgebiet. Auf dem Weg von Khorixas gen Norden, Tel. 0027-11-257 51 11, www.palmwag.com.na

Fort Sesfontein Lodge
Altes deutsches Wüstenfort, Tel. 064/68 50 34, www.fort-sesfontein.com

Genießen

Essen kann man nur in den Lodge-Restaurants.

Caprivi und Victoria Falls

Übernachten

Popa-Falls-Rastlager
Buchungen über Namibia Wildlife Resorts Ltd.

Namushasha River Lodge
Vernünftige Preise: 20 km südlich von Kongola, Tel. 061/37 47 50, www.namibialodges.com

Victoria Falls Hotel
Luxushotel, gehört zu den »Leading Hotels of the World«. Victoria Falls, Tel. 00263/13 44 75, www.africasunhotels.com

Genießen

Mama Africa
Afrikanische Küche. Landela Centre, Victoria Falls, Tel. 013/417 25

1

2

Namibia von A bis Z

Anreise

Die staatliche Fluggesellschaft Air Namibia besitzt die besten internationalen Verbindungen und ebenso die besten Anschlussverbindungen von Windhoek aus. Von Frankfurt wird pro Woche bis zu sechsmal nach Windhoek geflogen Internationale Anschlüsse bestehen nach Johannesburg, Kapstadt, Maun, Victoria Falls und Lusaka.

Air Namibia/Deutschland

Kaiserstr. 77, 60329 Frankfurt/Main,
Tel. 01805/40 85 85 64
(16 Ct/Min.),
Fax 069/770 67 30 28,
www.airnamibia.com

Kiwi Tours

Stopover-Programme bietet Kiwi-Tours in Zusammenarbeit mit Air Namibia an: Wer zum Beispiel nach Südafrika weiterfliegen will und nur einige Tage Zeit hat, kann ab Windhoek zwei- bis fünftägige Ausflüge buchen.
Franziskanerstr. 15, 81669 München, Tel. 089/74 66 25-0, Fax 7466 25 99,
www.kiwitours.com

Auskunft und Botschaften

In Deutschland

Botschaft der Republik Namibia, Reichsstr. 17, 14052 Berlin, Tel. 030/254 09 50,
Fax 25 40 95 55

In Österreich

Botschaft der Republik Namibia, Zuckerkandlgasse 2, 1190 Wien, Tel. 01/402 93 71,
Fax 402 93 70

In Namibia

Botschaft der BRD, 154 Independence Avenue, Sanlam Centre, Windhoek, Tel. 061/27 31 00, www.windhuk.diplo.de

Konsulat von Österreich

Schäferstr. 5, Windhoek
Tel./Fax 061/22 21 59

Generalkonsulat der Schweiz

175 Independence Ave./Windhoek, Tel./Fax 061/22 38 53

Fremdenverkehrsamt für alle deutschsprachigen Länder

Namibia Tourism – Germany Office, Schillerstr. 42-44, 60313 Frankfurt a. M., Tel. 069/133 73 60, Fax 13 37 36 15,
www.namibia-tourism.com

Autofahren

In Namibia herrscht Linksverkehr. Eine besondere Verkehrsregel ist der »4-Way-Stop«, eine Kreuzung, an der alle halten müssen; als Erster losfahren darf, wer zuerst an der Kreuzung war.
Wichtigste Regel ist aber die angepasste Geschwindigkeit. Alljährlich gibt es eine große Zahl an selbst verschuldeten Autounfällen, die alle auf zu hohe Geschwindigkeit zurückzuführen sind – und die häufig mit Toten enden. Insbesondere auf Pisten, aber auch auf Asphalt ist man also gut beraten, die Geschwindigkeitslimits nicht auszunutzen. Wer auf Pisten ins Schleudern gerät, wird sein Fahrzeug nicht mehr auf Spur bringen, sondern über das Bankett abheben; auf Asphalt sehen Autos, die ein Kudu mit der Windschutzscheibe abgebremst haben, ebenfalls nicht mehr gut aus. Und auf keinen Fall sollte man nachts fahren. Am Internationalen Flughafen von Windhoek liegt eine Broschüre der Deutschen Botschaft aus, die detaillierte Fahrtipps gibt.
Das Tankstellennetz ist relativ dicht und gut, doch sollte man bei den großen Entfernungen immer so viel Treibstoff dabei haben, dass man notfalls auch noch die übernächste Tankmöglichkeit erreicht.
Der Automobilclub von Namibia verteilt eine kleine Broschüre mit einer Liste von Abschleppdiensten im Land.

Automobile Association of Namibia

Bougain Villa Complex, Hebenstreit Straße, Windhoek,
Tel. 061/22 42 01

Banken und Geld

Das ideale Zahlungsmittel sind inzwischen auch in Namibia Kreditkarten, vornehmlich Euro- und Mastercard, Visa und Diners. Damit kann man in den meisten Hotels, Lodges, Gästefarmen, Läden und Restaurants bezahlen.
Bargeld erhält man bei den jeweiligen Korrespondenzbanken der verschiedenen Kreditkartengesellschaften (Euro-/Mastercard – Standard Bank, Visa – First National Bank, Diners – Commercial Bank of Namibia). Banken haben von Montag bis Freitag zwischen 9

1 *Obwohl die Straßen hier häufig nur Spuren im Sand sind, können sich die Einheimischen und Ranger gut orientieren.* 2 *Der Bleistiftbusch hat dünne bleistiftartige Zweige und lebt von der Taufeuchtigkeit.* – 3 *Flamingos in der Lagune von Walvis Bay.*

und 15.30 Uhr geöffnet, Samstag zwischen 9 und 11 Uhr.

Einkaufen

Souvenirs gibt es reichlich, man muss beim Shoppen nur vorsichtig sein, dass man auf dem Rückflug nicht die Gewichtsgrenzen für das Fluggepäck sprengt. Im Angebot sind etwa Stickereien, die traditionelle Muster mit modernen, abstrakten Designs verbinden, auf Servietten oder auch auf einem kompletten Set Bettwäsche. Beliebt sind zudem Mobiles aus Wurzeln, Samen und Federkielen, kombiniert mit kleinen Figuren aus Stoff. Wer's gern edler mag, kann sich stattdessen in die Höhen der wahren Schaffenden begeben, die Gold mit Edelsteinen kombinieren: Eine gute Adresse ist hierfür Engelhard Design, 55 Sam Nujoma St, Swakopmund, Tel. 064/40 46 06. Für Mineralien ist Namibia Gem Stones in Outjo, Etosha St, Tel. 067/31 30 72 empfehlenswert. Holzschnitzereien werden in großer Auswahl auf den beiden Straßenmärkten an den Stadtausgängen Okahandjas angeboten. Und wer sich für koloniale Literatur interessiert, wird sicherlich bei Peter's Antiques in Swakopmund, 24 Moltke St, Tel. 064/40 56 24, fündig. Afrikana mit guter Beratung gibt es in Windhoek bei Bushman Art, 187 Independence Avenue, Tel. 061/22 88 28.

Einreise

Deutsche, Österreicher und Schweizer benötigen zur Einreise einen Reisepass, der noch mindestens sechs Monate über das Ausreisedatum hinaus gültig sein muss.

Elektrizität

In den Städten beträgt die Spannung 220 V, man braucht für die südafrikanischen Steckdosen einen Adapter. Auf dem Land wird der Strom mittels Generatoren oder Sonnenkollektoren selbst produziert. Tagsüber stehen bei Generatorbetrieb 220 V zur Verfügung, wenn nachts auf Batteriebetrieb umgeschaltet wird, sind es nur noch 24 oder 36 Volt.

Feiertage

1. Januar – Neujahr (New Year's Day);
21. März – Unabhängigkeitstag (Independence Day);
Karfreitag (Good Friday);
Ostersonntag/-montag (Easter);
1. Mai – Tag der Arbeit (Worker's Day);
4. Mai – Kassinga-Tag (Kassinga-Day; Erinnerung an einen Bombenangriff der Südafrikaner auf SWAPO-Truppen in Angola);
25. Mai – Afrika-Tag (Africa Day; Erinnerung an die Gründung der Organisation Afrikanische Einheit);
26. August – Heldengedenktag (Heroes' Day);
10. Dezember – Tag der Menschenrechte (Day of Human Rights);
25. Dezember – Weihnachten (Christmas Day);
26. Dezember – Tag der Familie (Family Day)

Fotografieren

Die Höflichkeit gebietet prinzipiell, dass der Fotograf seine »Models« vor Ablichtung um Erlaubnis fragt. Sollte es ein Kommunikationsproblem geben – viele Menschen in den abgeschiedenen Gebieten sprechen kein Englisch –, muss eben pantomimisch vorgegangen werden. In letzter Zeit wird fürs Fotografieren immer häufiger Geld verlangt. Man kann dies mit etwas Fantasie umgehen, etwa indem man dem Abgelichteten etwas abkauft (z.B. Kunsthandwerk). Während der Pistenfahrten dringt unvermeidbar Staub ins Fahrzeug, darum sollte die Ausrüstung bei Nichtgebrauch immer gut geschützt verstaut werden. Für Tieraufnahmen in den Morgen- und Abendstunden gehört ein starkes Teleobjektiv in die Ausrüstung, für Landschaftsaufnahmen ein leichtes Weitwinkelobjektiv. Wer sich für die kleine Welt der Insekten und die Vielfalt der Pflanzen interessiert, hat auch noch ein makrofähiges Objektiv in der Tasche. Filme, Batterien und Speicherkarten sind in Europa günstiger, deshalb sollte man beides in ausreichender Menge mitbringen.

1

2

Gesundheit

Tetanus und Hepatitis B sollte man vor der Reise auf jeden Fall auffrischen. Je nach Jahreszeit und Region ist eine Malaria-Prophylaxe zu empfehlen. Genauere Infos halten die Tropeninstitute oder Gesundheitsämter bereit. Generell ist Nordnamibia (nördlich von Windhoek) in der Regenzeit (europäischer Winter) malariagefährdet, aber auch in der Trockenzeit treten hier Malariaerkrankungen auf. Kreislaufempfindliche Menschen können anfangs Probleme haben, sich auf die große Höhe einzustellen. Trockene Luft führt gelegentlich zu gereizten Schleimhäuten.

Kleidung

Leichte Baumwollkleidung ist ideal, ein Pullover schützt an kühlen Abenden im namibischen Sommer. Bei Wildbeobachtungsfahrten in den frühen Morgen- oder späten Abendstunden kann eine Windjacke gute Dienste leisten. Im Winter fallen die Temperaturen gelegentlich unter den Gefrierpunkt, man sollte also warme Kleidung dabeihaben.
Als Schutz vor Dornen und giftigem Getier sind lange Hosen und hohe Schuhe zu empfehlen. Hut und Sonnenbrille schützen vor der intensiven Sonne.

Klima

Namibias Winter fällt in unsere Sommermonate, im europäischen Herbst erblüht in Namibia die Natur, und wenn es bei uns schneit, fällt dort der ersehnte Sommerregen. Durch die Höhenlage wird es außer im Hochsommer nie wirklich unerträglich heiß, im Winter kann im Hochland allerdings auch Schnee fallen.

Kriminalität

Durch Zuwanderung aus ärmeren Regionen und Nachbarländern sind vor allem die urbanen Zentren heute nicht mehr sehr sicher. Deshalb gelten für Namibia die gleichen Vorkehrungen wie für die meisten Reiseländer: Keinesfalls sollte man irgendetwas im abgestellten Auto liegen lassen oder Wertsachen sichtbar am Körper tragen, und nachts sind einsame Gegenden zu meiden. Gelegentlich kommt es zu Raubüberfällen an den Hauptverkehrsverbindungen. Wer einen Rastplatz oder einen besonderen Aussichtspunkt ansteuert, sollte sich vergewissern, dass kein anderes Fahrzeug in der Nähe ist bzw. dass die Leute, die sich dort aufhalten, vertrauenserweckend wirken. Im Vergleich zu anderen Ländern Afrikas und Südamerikas ist Namibia aber immer noch relativ sicher.

Medizinische Versorgung

Jede Stadt und jeder größere Ort besitzt eine Apotheke, die in den meisten Fällen auch einen Notdienst unterhält. In vielen Fällen wird man auf deutschsprachige Unterstützung treffen, auch die Ärzteschaft ist teilweise deutschsprachig. Das Telefonbuch listet Ärzte beim jeweiligen Ort unter der Rubrik »Medical Practitioners«, dort wiederum nach Spezialisierung geordnet. Ausländische Besucher werden in den Praxen sofort zur Kasse gebeten. Deshalb sollte man vor Reisebeginn eine Auslandskrankenversicherung abschließen, die Rechnungen nach Rückkehr zurückerstattet. Die Luisen-Apotheke in Windhoek, Independence Avenue, Tel. 061/22 50 61, 081/129 44 22, kann südafrikanische Medikamente besorgen, die den deutschen Präparaten vergleichbar sind.

Mietwagen

Mietwagen sind in Namibia wegen der hohen (meist selbst verschuldeten) Unfallhäufigkeit nicht gerade billig. In Ermangelung eines dichten öffentlichen Transportnetzes sind sie aber letztlich unabdingbar. Gerade die Nationalparks sind mit Bus oder Zug nicht zu erreichen, einzige Alternative zum Mietwagen (die allerdings noch teurer ist) ist das Charterflugzeug.
Vom einfachen Pkw über das Campmobil bis zum hochgerüsteten Geländewagen mit Campingausstattung und Expeditionsausrüstung ist alles zu haben. Die meisten Vermieter

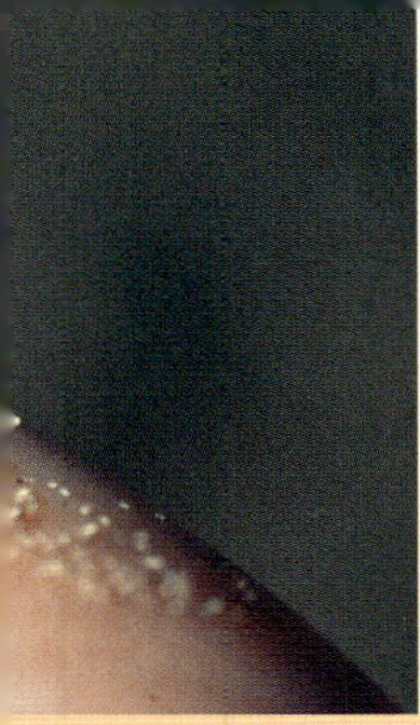

3

1 *Die Zäune rund um den Nationalpark müssen regelmäsig instand gehalten werden.* – 2 *Wüstenechsen sind je nach Art unterschiedlich groß – diese hier ist relativ klein und rund um die Skelettküste zu finden.* – 3 *Die Rinder sind in der Kultur der Himba sehr wichtig, dies drückt sich auch in ihrer Kleidung aus.*

verlangen ein Mindestalter von 21 Jahren und einen internationalen Führerschein. Für die Kaution braucht man eine Kreditkarte. Gestaffelte Versicherungen erlauben den Ausschluss fast aller Risiken.
Bei Übernahme des Fahrzeugs sollte man dessen Funktionstüchtigkeit prüfen und ein besonderes Augenmerk auf die Reifen und das Pannenwerkzeug richten (Infos zu Abschleppdiensten, s. Autofahren)! Bei Geländefahrzeugen sollte man auf einer detaillierten Einweisung bestehen, vor allem die Freilaufnaben und die Tricks für Geländefahrten bedürfen einer Erklärung.

Notruf

Der Polizeinotruf ist inzwischen weitgehend einheitlich die 10111. Nur in kleineren Orten hat die Polizei noch eine eigene Nummer, zu finden im Kopfeintrag zur jeweiligen Ortschaft im Telefonbuch. Dort findet man auch die Nummer für Ambulanzen, die meist bei den Krankenhäusern vor Ort stationiert sind.

Öffnungszeiten

Geschäfte haben Montag bis Freitag von 8 bzw. 9 Uhr bis 17 bzw. 18 Uhr geöffnet, samstags zwischen 8 bzw. 9 Uhr und 12 Uhr. Einige Supermärkte in den größeren Orten haben auch am Sonntagvormittag offen. Postämter öffnen um 8.30 Uhr und schließen um 16.30 Uhr (auf dem Land wird manchmal 1 Stunde Mittagspause gemacht). Ämter sind Montag bis Freitag von 8.30 bis 13 und von 14 bis 16.30 Uhr offen. Museen sind sehr unterschiedlich geöffnet, da sie meist ehrenamtlich geführt werden.

Staat

Fläche: 824 292 km^2
Bevölkerung: 2,165 Mio.
Bevölkerungswachstum: 1 %
Analphabetenrate: ca. 15 %
Arbeitslosigkeit: ca. 50 %
BIP/Einwohner: 7300 US$
Regierungsform: Parlamentarische Demokratie
Staatsoberhaupt: Hifikepunye Pohamba
Amtssprache: Englisch; ebenfalls wichtig sind Afrikaans und Deutsch

Trinkgeld

Je nach Qualität des Services wird man in Restaurants und bei Taxifahrten bis zu einer bestimmten Obergrenze 5 bis 10 % des Rechnungsbetrags als Trinkgeld geben. Gepäckträger erwarten zwischen 2 und 4 N$ pro Gepäckstück. In Lodges auf dem Land steckt man bei Abreise sein Trinkgeld meist in eine Tip-Box an der Rezeption, deren Inhalt dann an alle Mitarbeiter verteilt wird.

Unterkünfte buchen

Während der Ferien ist man gut beraten, seine Unterkünfte und Aufenthalte nicht nur in den Nationalparks und Schutzgebieten, sondern auch in privaten Beherbergungsbetrieben langfristig im Voraus zu buchen. Dies gilt insbesondere für die Sommerferien des südlichen Afrika, sechs Wochen um Weihnachten herum.
Informationen über die staatlichen Rastlager halten die Filialen von Namibia Wildlife Resorts Ltd. in Windhoek oder Swakopmund bereit. Buchungen für die staatlichen Rastlager in den Nationalparks und Schutzgebieten werden ebenfalls über Namibia Wildlife Resorts Ltd. vorgenommen, allerdings nur über die Zentralstelle in Windhoek.

Namibia Wildlife Resorts Ltd.
Independence Ave, Windhoek
PB 13378, Tel. 061/23 69 75,
reservations@nwr.com.na
Ritterburg, Swakopmund,
Tel. 064/40 55 13, Fax 40 27 96.

Währung

Die Landeswährung ist der Namibia-Dollar (N$), der 1 : 1 an die südafrikanische Währung, den Rand, gebunden ist. In Namibia kann man auch mit Rand bezahlen, allerdings wird umgekehrt in Südafrika (abgesehen von den Grenzgebieten) der Namibia-Dollar nicht akzeptiert.

Zeitunterschied

In Namibia gilt die Greenwich Mean Time (GMT). Im namibischen Sommer (September bis April) ist es damit eine Stunde später als in Mitteleuropa, im Winter (April bis September) eine Stunde früher.

Register

Orts- und Sachregister

1 Die Apfelsorte Granny Smith sieht man auf dem Markt in Ondangwa häufig. – 2 Der Afrikanische Elefante gilt als agressiver als der Asiatische. – 3 Die Schmuckfertigung ist in Namibia eine auf die Urahnen zurückzuführende Tradition.

Flußregister

Namenregister

Pflanzenregister

Stammesregister

Impressum

Der Fotograf

Clemens Emmler (Foto) lebt in Simonswald bei Freiburg. Seit 1990 veröffentlichte er mehr als 30 Bildbände, diverse Reiseführer und eine Vielzahl an Fotokunst-Kalendern. Seine wohl ewig währende Begeisterung für Neuseeland führte ihn auf insgesamt acht Reisen durch alle Regionen des Landes.

Die Autoren

Daniela Schetar-Köthe, Ethnologin, und Friedrich H. Köthe, Soziologe, sind freie Reisejournalisten. Sie veröffentlichten bereits zahlreiche Bildbände und Reiseführer über das südliche Afrika und schreiben für Zeitschriften und Zeitungen wie »Die Zeit«.

Bildnachweis

Alle Bilder des Innenteils und des Umschlags stammen von Clemens Emmler, außer:
Bildagentur Huber, Garmisch-Partenkirchen: S. 76 o., 76 u. (Bernhart, U.);
Bildagentur LOOK, München: S. 3, 60 (age fotostock);
Picture Alliance, Frankfurt a.M.: S. 84 u. (Bildagentur-online), 101, 125 u. (dpa-Zentralbild), 126 (DUMONT Bildarchiv);
Shutterstock (www.shutterstock.com): S. 83 u.r. (agap), 59 u. (Bellogini, B.), 21 (Cooke, S.), 121 u. (de Vries, G.), 127 (DeFodi), 8/9, 24, 64 o., 125 o. (du Preez, G.), 57 o. (Durieu, P.), 51 o., 118 o., 118 u. (EcoPrint), 68/69 (faberfoto), 83 u.l. (Gallas, K.), 109 u. (Hansen, J.), 59 o. (Johnson, G.), 16/17 (Quanjer, A.), 84 o., 102/103 (Romano, P.), 100 u. (Skibinski, P.), 100 o. (van der Vinden, S.), 121 o. (Watchtheworld), 88 u. (WILDLIFE).

Umschlag

Vorderseite: Namibias wohl berühmteste Düne im Sossusvlei.
Rückseite: Giraffe beim Abendessen im Damaraland.

S. 2/3: Namibias bunte Tierwelt fasziniert.
S. 5: Possierliche Erdmännchen an ihrer Höhle im Kaokoveld.
S. 6/7: Die pittoreske Felsformation »The Arch« im Damaraland.
S. 158/159: Die Sossuvlei-Dünen zählen zu den Highlights einer jeder Namibia-Reise.

Produktmanagement: Stephanie Iber
Layout: graphitecture book, Rosenheim
Korrektorat: Sabina Barth, München
Repro: Repro Ludwig, Zell am See
Umschlaggestaltung: Ulrike Huber, www.uhu-design.de, Kolbermoor
Kartografie: Astrid Fischer-Leitl, München
Herstellung: Bettina Schippel, Barbara Uhlig
Printed in Slovenia by Florjancic

Für Hinweise und Anregungen sind wir jederzeit dankbar. Bitte richten Sie diese an:
Bruckmann Verlag
Postfach 40 02 09
D-80702 München
E-Mail: lektorat@bruckmann.de

Die Deutsche Nationalbibliothek verzeichnet diese Publikation in der Deutschen Nationalbibliografie; detaillierte bibliografische Daten sind im Internet über http://dnb.d-nb.de abrufbar.

Die Originalausgabe erschien 2006 unter dem Titel »Namibia« im Bruckmann Verlag.

Vollständig aktualisierte und überarbeitete Ausgabe

ISBN 978-3-7654-6026-5

In gleicher Reihe erschienen ...

ISBN 978-3-7654-5645-9

ISBN 978-3-7654-5854-5

ISBN 978-3-7654-5644-2

ISBN 978-3-7654-6025-8

ISBN 978-3-7654-5853-8

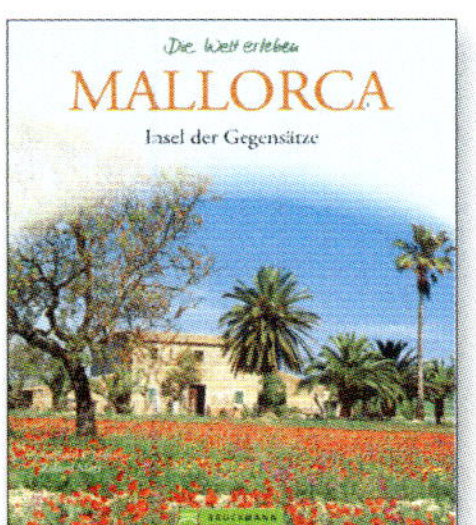

ISBN 978-3-7654-5647-3

ISBN 978-3-7654-6026-5

ISBN 978-3-7654-5643-5

ISBN 978-3-7654-5821-7

ISBN 978-3-7654-5535-3

ISBN 978-3-7654-5646-6

ISBN 978-3-7654-5649-7

ISBN 978-3-7654-5372-4

ISBN 978-3-7654-6051-7

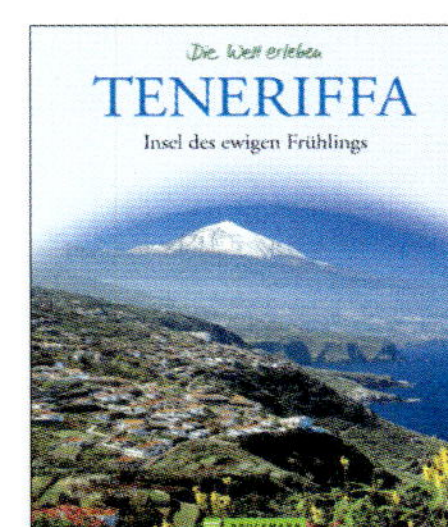

ISBN 978-3-7654-5642-8

ISBN 978-3-7654-5648-0

ISBN 978-3-7654-5650-3

ISBN 978-3-7654-5865-1

BRUCKMANN

www.bruckmann.de